時兆文化

走進懷愛倫的異象世界

READING ELLEN WHITE

無論未來還有多少年日，
我的著作將繼續說話，
幫助人理解和應用，直到末時。——懷愛倫

喬治·賴特 *George R. Knight* ｜ 著

張佳嵐 ｜ 譯

| 出版序

許多讀者可能會想，懷愛倫是誰？懷愛倫（Ellen G. Whte, 1827-1915）是基督復臨安息日會的創始人之一，亦是作者、演講者和顧問。毫無疑問地，她是復臨教會歷史中最具影響力的一位人物。

　　懷愛倫於1827年11月26日出生於美國緬因州，在她七十多年的先知性事工中，她的生命和著作對復臨信仰的形成和教會的引導，可謂貢獻卓越。即使在1915年過世後，她的勤勉與見解依舊引導著復臨教會。

　　懷愛倫著作等身，且涵蓋許多主題，但始終以聖經為依據，其作品亦表明她具有豐富的聖經知識。在她的筆記中，對公共服務、旅行、個人事工、待人處世，和身為母親與處理家庭事務等，所講述的觀點和事蹟，可作為我們的規範。

　　作者喬治‧賴特博士在本書中，鉅細靡遺地從各層面的角度來幫助讀者認識懷愛倫，並了解她不平凡的生平和所扮演的角

色。再者，也可以從第8頁作者〈致讀者〉這篇敘述中，更清楚了解懷愛倫寫作的目的和她的著作，並且學習如何將她所寫的這些原則實際地應用在我們的生命中。

　　本書在編排上，因有許多引述她眾多作品之處，為了不讓讀者在閱讀時受到太多的視覺干擾，故其書名均採用英文縮寫，後面接原文書的頁數，並在附錄頁補充說明懷愛倫的生平。最後，期許讀者跟我們一樣，在閱讀此書時能獲益匪淺！

時兆編輯部　謹誌

懷愛倫著作書名縮寫檢索

縮寫	全名／中譯書名
AH	The Adventist Home　復臨信徒的家庭
CD	Counsels on Diet and Foods　論飲食
CM	The Colporteur Ministry　文字佈道指南
COL	Christ's Object Lessons　天路（基督比喻實訓／隱藏的珍寶）
CT	Counsels to Parents, Teachers and Students　給父母、教師與學生的勉言
CW	Counsels to Writers and Editors　給作家和編輯的勉言
DA	The Desire of Ages　歷代願望
Ed	Education　教育論
Ev	Evangelism　佈道論
EW	Early Writings　早期著作
FE	Fundamentals of Christian Education　基督教育原理
GC	The Great Controversy　善惡之爭
GW	Gospel Workers　傳道良助（福音工人）
HM	The Home Missionary　家中的傳教士
LDE	Last Day Events　末日事件
LS	Life Sketches of Ellen G. White　懷愛倫生平簡介（懷氏傳略／懷愛倫經驗談）
Lt	Letter　懷氏書信（信函）
MH	The Ministry of Healing　健康之源（服務真詮／醫治的事工）
MM	Medical Ministry　醫療服務（醫藥佈道論／醫藥事工）
MS	manuscript　懷愛倫文稿（手稿）
RH	Review and Herald　評閱宣報
SC	Steps to Christ　喜樂的泉源（拾級就主）
SM	Selected Messages，1SM～3SM 信息選粹（證言選輯，共三卷）
T	Testimonies for the Church, volumes，1T～9T 教會證言（共九卷）
TM	Testimonies to Ministers and Gospel Workers　給傳道人的證言
WLF	A Word to the "Little Flock"　給「一小群信徒」的一番話
1888 Materials	The Ellen G. White 1888 Materials (4 vols.)　懷愛倫寫於1888年的材料（共四卷）

編者按：書中所有引用的懷愛倫著作，書名均採用英文縮寫，後面接原文書的頁數。

目錄

【第三部分】
應用的原則

在過去一個半世紀以來，有成千上萬難以計數的人研讀了懷愛倫的著作，並從中得到祝福。各行各業的人，都證實這些著作是有益且可信賴的人生指引。

曾有一段時間，為了使大家可以讀懂懷愛倫的著作，所以當務之需，便是能有一些簡要介紹如何閱讀懷愛倫著作的原則。我以前在《復臨信仰中的神話：懷愛倫、教育，及相關問題的解讀研究》（*Myths in Adventism: An Interpretive Study of Ellen White, Education, and Related Issues*，評閱宣報，1985年出版）一書中，也曾就此需要，做了初步的嘗試。儘管那本書用一些篇幅對解釋懷著的原則進行了討論，但那書的中心目的卻非集中在這個主題上。結果，還有許多未盡的工作需要完成。而此書《走進懷愛倫的異象世界》就是以細察這些原則為唯一目的所寫的，整個過程都是為了對這個主題的每一重大議題加以論述。

本書分為三個部分。第一部分涉及到一般性的考慮，諸如：她著作的目的，這些著作與聖經的關係，編纂的任務，以及制訂一個閱讀計劃的必要性。

第二部分聚焦於閱讀懷愛倫著作時的一些解釋原則。每一章至少討論一個重要的原則。

當然，閱讀和解釋懷愛倫的著作僅為任務的一部分，還需要將勉言付諸於實際的行動。所以，第三部分就是聚焦於如何應用方面。

《走進懷愛倫的異象世界》還有一部姊妹篇，名為《結識懷愛倫》（*Meeting Ellen White*，評論宣報，1996年出版）。這本書對懷愛倫的生平做了簡要的介紹，講述她不同的著作，還分析了那些將其著作彙編形成一個整體的主題。因此，《結識懷愛倫》對本書而言，乃是一個有益的補充。這兩本書組合在一起，就對這位有影響力的基督徒做了簡要的介紹，也對她著作的使用做了介紹。

有一點是毋庸多言的，即這本書僅僅是對其所涵蓋的主題做介紹，而非全面性的討論。每一章中的材料都有更多的內容可以講述。

本書不會涉及某些主題，比如：懷愛倫雇用文字助手的問題，以及她對其他作家作品的使用問題等等。這些主題和一些類似的主題已經在姊妹篇中做了簡短的論述。

我要感謝Bonnie Beres幫我將手稿輸入電腦；也要感謝Roger

W. Coon、Tim Crosby、Paul A. Gordon、Jerry Moon、James R. Nix、Robert W. Olson及Tim Poirier，他們為本書的完成提出了寶貴的建議；還要感謝Gerald Wheeler和Tim Crosby促成了本書的出版；最後要感謝安得烈大學（Andrews University）為本書的著述提供了時間上和經濟上的支援。

　　願這本書成為那些尋求更準確理解懷愛倫著作之人的祝福。

George R. Knight

喬治‧賴特

寫於安得烈大學　美國密西根州貝林泉

READING
ELLEN WHITE

第一部分

初步的思考

第 1 章

哪句勉言是蒙聖靈啟示的？

讀者，不應該只是閱讀，

更要能聰明且明辨是非地閱讀；

不應該只是盲目地照著勉言去做，

更要能聰明且明辨是非地加以應用。

1860年代後期，懷愛倫寫道：「不應該把蛋端上你們的餐桌，因為蛋對你們的孩子是有害的。」（2T 400）她的敘述似乎再清楚不過了。但是，她本人在1901年又寫了如下的話，「從健康的家禽取蛋，煮食或生吃均可，也可把新鮮的生蛋打進你能得到的最新鮮果汁中一起吃，這會供應你身體所需要的養料。不必猶疑不決，以為這樣行會有什麼不對。……我是說在你的餐食中，應當包括牛奶與雞蛋。……蛋中含有抗毒作用的某些醫療成分。」（CD 204）

顯然，這兩處勉言可謂大相徑庭。不要吃雞蛋！吃生雞蛋！這樣的敘述令人困惑。但是，這兩句話卻是同一個人說出來的。怎麼可能呢？同一個人怎麼可能提出互相抵觸的忠告呢？如果這是你或我寫的，問題就太難回答了。人們可能只會說我們顛三倒四，不知所云。但這些話是宣稱自己得到上帝所賜之勉言的懷愛

倫說的。

　　我們或許會問：「懷愛倫是不是弄錯了？」我們也許可以推論說，從1870年到1901年間，上帝在鷄蛋的問題上改變了看法。

　　但是，歸根究柢，我們所要問的問題乃是：「有關這主題的敘述，哪一個才是蒙聖靈啟示的勉言？」

　　對於一個在罪與救贖的重大主題上，有那麼多著述的作家而言，吃蛋的問題似乎只是一個微不足道的問題，但因吃蛋問題所引發的其他問題卻遠非如此。事實上，這些問題的核心是如何理解蒙聖靈啟示的作者。本書《走進懷愛倫的異象世界》就是要幫助大家解決這些問題。

　　鷄蛋的例子，強調了一個事實，即我們若要理解所讀到的內容，就需要掌握一些解釋的原則。我們也應該承認，每一個讀者，無論是讀懷愛倫的作品，還是讀其他作者的作品，都已經在他（她）心中有一套解釋的原則了。就算那些認為不必對受聖靈啟示的作著進行解釋的人，也會不由自主地進行解釋。例如：當他們讀到聖經說：「拿你的嬰孩摔在磐石上的，那人便為有福。」（詩篇137：9），他們就會自動地開始根據經文上下文，以及他們所知道的上帝之愛，和上帝甚至要祂的子民去愛自己仇敵的命令（馬太福音5：43－48），來瞭解這節經文了。

　　除非我們心不在焉，否則，絕不可能讀了詩篇137篇9節，卻不加以解釋。畢竟，這節經文聽起來完全不同於新約聖經的祝

福：「憐恤人的人有福了，……使人和睦的人有福了。」（馬太福音5：7－9）這兩種完全不同的意見，都是受上帝聖靈啟示的話語，但我們要思考如何把兩者協調一致，卻是很費功夫的。

同樣，耶穌在馬太福音5章27－29節中所說的，那些因對異性的非分之想而剜出右眼的話，我們都得予以解釋。有誰真的剜出了自己的眼睛呢？每個人都是透過自己對經文的解釋，來理解這段經文的。

在理解聖經的過程中，我們會發展出一些原則，來解釋那些有聖靈啟示的題材。無論我們是否有意識地承認這些原則，我們所有人都擁有這些原則。

本書的目的就是要提出一些我們應該用以解釋懷愛倫著作的基本原則。一般而言，儘管本書主要關注的是她的著作，但同樣的原則也適用於對聖經的研究。這樣一來，雖然我在一些必要的地方使用了聖經的例證，但是本書所引用的大多數例證，都是出自懷師母的筆下。

你可能仍然在想：「**關於如何吃蛋的問題，哪一種說法是蒙聖靈啟示的勉言？**」答案是兩者皆是！你可能會很詫異，「那我該如何定奪？」這就要視你的具體情況而定了。身為一個獨立的個體，我們的身體狀況、需要，以及病症各不相同。正如一個好的醫生，面對那些具有相似症狀的病人時，所開出的處方不會都一樣，上帝也是如此行事的。祂給某個人的勸告可能看起來與

祂給另一個人的相反。這就是為什麼懷愛倫著作的讀者們必須多動腦筋，而不是盲目地把她所寫的東西應用到自己的生活中。**讀者，不應該只是閱讀，更要能聰明且明辨是非地閱讀；不應該只是盲目地照著勉言去做，更要能聰明且能明辨是非地加以應用。**不幸的是，她的勉言（連同聖經的勉言）很可能被不聰明且不負責任的閱讀者濫加應用了。《走進懷愛倫的異象世界》所尋求的，就是藉由懷愛倫著作的例證，來列出閱讀原則的要點，並且盡可能地說明懷師母是如何解釋自己的作品，以便在這個問題上給大家一些指導。

　　可是，吃蛋的問題究竟如何？別擔心！在接下來的內容中，我們會回到雞蛋以及其他許多或大或小的主題上。然而，我們首先需要思考幾個一般性的問題，這將幫助我們在解讀懷愛倫的著作上打好基礎。

第 2 章

懷愛倫著作的目的

她看自己作品的目的，乃是帶領人，
「回到他們所忽略的上帝之道當中」。
「這些寫出來的證言，並非什麼新的亮光，
而是將那些已經在聖經中啟示出來，
並帶著屬靈的真理，
生動地印在人的心中。」

若要理解某位作者的作品，最好的方法就是瞭解他或她的寫作目的和意圖。那些沒能抓住作者目標的讀者，常會試圖以作者從未想過的方式，來使用他或她的作品。因此，抓住懷愛倫對自己在基督復臨安息日會（Seventh-day Adventist Church）中角色的自我認知，就成了一件很重要的事。

對於懷愛倫的著作，我們知道的最重要的事情之一，就是她的這些作品絕不能取代聖經。她在她所寫的《善惡之爭》的序言中說：「上帝已經在祂的聖言中，將有關救恩必須的知識交付與人。人應當接受聖經，是上帝旨意之啟示，具有權威且毫無錯誤。它是品格的標準，真道的啟示者，和經驗的試金石。……聖靈的賜予，絕不是，而且永不會，將聖經取而代之；因為聖經明說上帝的聖言乃是檢驗一切教訓（包括她自己的教訓）與經驗的標準。」（GC vii）

雖然某些人宣稱是現代的先知，他們的跟隨者也視他們的作品為新舊約聖經之外的第三部聖約，但懷愛倫與他們不同。她解釋說，她的功用是「高舉」上帝的道，「並將人的心意引向上帝的道，真理的質樸之美就能深印人心。」（5T 665）

她看自己作品的目的，乃是帶領人「回到他們所忽略的上帝之道當中」（同上，663）。**她宣稱：「這些寫出來的證言並非什麼新的亮光，而是將那些已經**（在聖經中）**啟示出來，並帶著屬靈的真理，生動地印在人的心中而已。」**（同上，665）**由於人們很少留意聖經，所以她作為「小光來引領男女去就大光**（聖經）**」（CM 125），這或許正是她對自己的角色所做出最生動的說明。**

關於懷愛倫寫作事工的目的，這個見解是我們所知的最基本的內容。她不斷指引人以聖經為他們基督徒生活的權威，卻從未視自己的作品具有與聖經同樣的權威，或者是獨立於聖經之外的另一權威。

有些人違背懷愛倫本人的意願，把她的著作放在一個不適當的位置上，這是很令人遺憾的事。無論何時，當人們看待她的著作比聖經的權威還高，或讀她的著作比讀聖經所花的時間還多，那他們實際上就是在利用她的著作使自己遠離聖經。那些真正清楚懷愛倫使命的人，絕不可能犯這樣的錯誤。**如果人真正理解她的著作，就一定會被帶回到聖經的學習和權威中。**

懷愛倫寫作事工的作用是要指引人們回歸聖經，與這一點緊

密聯繫的是一個概念：即她的使命是要幫助人明白聖經原則與他們生命之間的關係。

1871年，在夢中，她看見自己用自己所寫的幾卷書《教會證言》，圍繞在聖經的周圍。她聽見自己對人們說：「你們不熟悉聖經，如果你們自己帶著渴望的心去研究聖經，就是渴望達到聖經的標準，並作一個完全的基督徒，那你們就不需要《教會證言》了。正因為你們忽視了對上帝聖靈所啟示之書的了解，祂才試圖透過簡單直接的證言來影響你們，喚醒你們去注意那些因忽視而未曾順從的屬靈話語，又激勵你們依照聖經純淨高尚的教導去改革你們的生活。」（2T 605）

在同一個夢裡，她寫道：「這些寫出來的證言，並非什麼新的亮光，而是將那些已經啟示出來且帶著屬靈的真理，生動地印在人的心中而已。人對上帝和對他同伴的責任，已經清楚地記載在上帝的話語中了，然而你們當中很少有人順從所賜下的亮光。《教會證言》中沒有另外的真理，只是藉此使那些已經賜下的偉大真理簡單化，並且按照祂自己所揀選的方式，將證言擺在人面前，來喚醒和打動人的心，這樣就沒有任何人有推諉的藉口了。」（同上）

在另一處，她寫道：「上帝的話語足以照亮最受蒙蔽的頭腦，也能令那些想要了解上帝話語的人所明白。但儘管如此，仍有一些自稱學習上帝話語的人，他們所表現的生活和上帝明示的

教訓是相反的。於是，為使人們不再有藉口，便賜下簡單而銳利的證言，把他們帶回到他們因忽視而未曾遵從的話語裡。」（同上，454, 455）

至此，我們已經探討了兩個懷愛倫著作的目的，都是懷愛倫自己提出來的。**第一個目的，是要高舉聖經，並引導人們回歸聖經。第二個目的，是為了針對每日的生活而闡明聖經的偉大原則，這樣人們就沒有不跟隨聖經指示的藉口了。**然而，即使如此，她還是小心謹慎地表示，人並不需要藉她的著作去領會那些救贖的偉大思想。她的任務不是提供新的或另外的真理，而是把那些已經存在於聖經中的真理，簡單化並加以放大。

懷愛倫以另一種方式提出了同樣的觀點，她寫道：「某弟兄糊塗了，他試圖讓上帝藉《教會證言》所發的亮光，看起來像是聖經的附加部分，他為此所說的話都在虛假的光裡。上帝已經看見證言的方式很適合把祂子民的心思帶回到祂的話語上，並使他們對祂的話有更清晰的理解。」（4T 246）

懷愛倫認為她自己著作的第三個目的，乃是譴責罪惡和勸人順從聖經。當然，這個目的與前兩者密不可分。她勸道：「如果那些如今自稱是上帝特殊寶貝的人，能順從聖經所明確指出的要求，就不會有特別的證言賜給他們，以喚醒他們對自己責任的認識，也不會把他們因疏忽而未順從上帝話語的罪，和可怕的危險印在他們心上了。良心麻木是因為亮光被拒絕、被輕視。」（5T 667）

懷愛倫尋求實現的第四個目的，乃是將聖經的諸般原則應用到現代的環境中。大量針對每日生活的實際建議，出現在《教會證言》中，出現在她諸多按主題彙編的著作中，也出現在她涉及聖經主題的全部書籍與文章中，她著作的功能藉此得到了充分的表現。她聲稱：「聖經是為了實際的用途才賜給人的」（1SM 20）。這話同樣適用於她自己的著作。這些著作不是為了提出一套傳統的系統神學，也不是為了讓她充當一名沒有錯誤的聖經注釋者。相反的，這些著作是極具實用性的。除了譴責罪惡之外，為了使人們可以每日過基督徒的生活，每日應用聖經的諸般原則，這些著作還指出了更好的方式並提供指導。

懷愛倫的著作不僅把我們的注意力引向聖經，放大聖經的原則，譴責罪惡，以及為每日的生活提出勸勉，還針對人類罪的問題指出了唯一的解決方法。透過這些著作把讀者引向耶穌，引向上帝的愛，引向救恩的計劃，把安慰帶給他們，以此作為這墮落世界的唯一希望。她的著作還將許多聖經的應許高舉起來，集生命、事奉、死亡、復活、屬天的事工、以及救贖主耶穌的第二次來臨於一體。因此，這些著作就把聖經的安慰和希望帶給了我們。這一類的作品中最優秀的，當屬《喜樂的泉源》和《歷代願望》，然而在她全部的著作中我們都能看到安慰和希望。在高舉聖經的過程中，她不斷地強調耶穌和在耶穌裡的信心，作為人的唯一希望所在。

　　懷愛倫著作的最後一個目的，乃是上帝要藉此為世界歷史的末世預備一群子民。這一類書的代表作有《善惡之爭》，其重點強調上帝的末世子民所要面對的聖經問題。懷愛倫的整個事工所瞄準的，不僅是指出耶穌駕著天雲的再來，更是勸告人們要為那日子做好必要的預備。從這層意義上來說，她是在重複基督所做的工作，基督曾力勸人們為祂的來臨做好準備（見馬太福音24：36；25：46），祂必快來（啟示錄22：20）。然而，即便在懷愛倫努力使她的讀者們為基督的再來做預備的同時，她仍不斷地指引他們回歸聖經。我們在《善惡之爭》中讀到：「惟有那些以聖經的真理來鞏固自己心靈的人，才能在最後的大鬥爭中站立得住。」（GC 593, 594）她不厭其煩地高舉上帝的道，將人們引向聖經。

　　在本章中，我們已經注意到，懷愛倫反覆描述自己的著作乃是聖經的從屬物，是一個帶領信徒更清楚理解，和順從上帝之道的嚮導。然而，這個從屬的地位卻不表示她認為自己的著作是缺乏神聖權威的。

　　相反的，她再三地指出，她的勉言中有神聖的權威。因此，她才這樣寫道：「所有對證言持對立立場的人，我要對他們說，上帝已經賜給祂的百姓一道信息，祂的聲音會被聽見，不管你們聽從還是抵制，……你們都要向天上的上帝交賬，祂已經發出這些警告和指示，以使祂的百姓能走在正路之上。」（1SM 43；LS 433）

　　她還寫道：「你們可能會說，這些信息不過是幾封信而已。

是的，這是一封信，但這卻是藉著上帝之靈的提醒，要將所顯示給我的，帶到你們面前。在我所寫的這些信件裡，在我所做的這些證言中，我乃是將主呈現給我的，轉呈給你們。」（1SM 27）

懷愛倫強烈地意識到她先知性的呼召和使命，要藉著她的演講和寫作來指導上帝的百姓。她堅定地相信，上帝以聖經中眾先知的相同方式，透過她的聲音和筆來說話。

第 3 章

懷愛倫著作與聖經的關係

儘管信徒們看待她的所獲得的聖靈啟示，

與聖經作者們所獲得的啟示一樣。

但他們並不認為她具有相同的權威，

懷愛倫清楚知道她的權威源於聖經，

但不等於聖經。

你可能會覺得這一章的標題與上一章的內容十分相似。你說對了！我們正涉及一個極為重要的主題，這對於正確理解和確實使用懷愛倫的著作至為關鍵。當人在懷愛倫著作與聖經之間的關係上出錯時，他們可能已經對她的著作犯了一個最基本的錯誤。如果他們在這一點上是錯的，對他們個人的生活和對教會而言，正如她所擔憂的那樣，他們誤解了她寫作的目的，並已經陷入了嚴重的錯誤。因此，我們有必要多花些篇幅來細查懷愛倫與聖經之間的關係。

我們要強調的第一點，就是懷師母不願意人們把她當作他們生命中的主要權威。她在1894年寫道：「我們的立場和信仰乃在聖經之中，我們絕不願意任何人用證言蓋過聖經。」（Ev 256）同年，在出席公眾講道時，她又宣布了同樣的立場，她寫道：「在公眾場合中，不要突顯和引用懷姊妹的言論，來作為支持你立場

的權威。這樣做絲毫不能增加人們對證言的信心。你所提出的根據要清楚明白地來自於上帝的道。耶和華如此說，才是你可以呈現給人們最強而有力的證據。不要讓人指望向懷姊妹學習，而是要指望那位把指示賜給懷姊妹的全能上帝。」（3SM 29, 30）

此外，1901年在與總會領袖們討論教會改組的事宜時，懷愛倫力勸他們，要以聖經的諸般原則作為他們的首要權威，而不是她的要求和她的話語。在這個重要的話中，她告訴復臨教會的領袖們：「把懷姊妹放在一邊。除非你們能服從聖經，否則再也不要引用我的話。當你們以聖經為你們的食物、你們的養分、你們的飲品之時，當你們以其中的原則為你們品格的元素之時，你們就會更加明白如何從上帝那裡接受勸勉。今天我把寶貴的道高舉在你們的面前。不要重複我所說過的話，說：『懷姊妹這樣說』或『懷姊妹那樣說』。要查考耶和華以色列的上帝之話語，然後，遵從祂的命令而行。」（同上，33）

這樣的敘述，並非表示懷愛倫對手邊的這些主題無話可說，也不是暗示說，從她的著作裡尋找建議是錯誤的，或者說她的著作沒有權威了。相反的，上述的摘錄提出了一個先後次序的問題。有些人在各種情況下，把懷愛倫放在一個她不認為自己應該身處的位置上。她的任務是使他們注意聖經，而不是取代聖經。那些按主題把懷愛倫的許多文字摘錄彙編在一起的人，若忽略了他們自己的聖經，無論他們自我感覺是何等「忠誠」，他們都不

是在跟隨懷師母。他們宣稱懷愛倫是他們的嚮導，但他們卻與她背道而馳。懷愛倫一貫地指引其他人注意聖經，讓聖經作為基督徒每一生活領域的最高權威。

懷雅各（James White），她的丈夫，持有相同的立場，並且其他早期的基督復臨安息日會的領袖們也是如此。關於懷愛倫恩賜的主題，懷雅各最早發表立場是在1847年，他寫道：「聖經是一部完美，而且完整的啟示。其乃是我們信仰與實踐的唯一標準。根據彼得的證言來看（參閱使徒行傳2：17－20；約珥書2：28－31），沒有任何理由表明上帝不能在這末世透過異夢和異象，來顯示祂的話語在過去、現在，及未來的實現。真實的異象是要把我們帶領到上帝和祂的話語跟前。但是那些帶來信仰和實踐的新標準，與聖經分離的異象，則不可能出自於上帝，也是應該予以拒絕的。」（WLF 13）

在他的敘述中，我們看到了一些早期復臨信徒思想領袖們所遵循的微妙平衡。其中的核心思想乃是這樣：聖經是至高的，但聖經也指出上帝將要在世界歷史的末世時代，藉著異象和屬靈的恩賜，來引導祂的百姓，穿過末時危機的淺灘，回歸聖經。懷雅各指出，彼得在使徒行傳2章的五旬節講道中，所用的約珥書2章28－31節的預言，還沒有完全應驗。在末時，上帝還要差遣祂的聖靈，並且在基督第二次復臨之前，「你的兒子和女兒們要說預言」，也要看見異象。懷氏還引用了保羅在帖撒羅尼迦前書5

章19－21節中的話：「不要藐視先知的講論，但要凡事察驗，善美的要持守。」以及以賽亞書8章20節中所說的：「人當以律法和證言為標準。他們所說的，若不與此相符，就沒有光在他們裡面。」（請參閱WLF 14）

懷雅各和基督復臨安息日會的早期領袖們，毫不懷疑聖經教導上帝要在末世的日子，將預言的恩賜澆灌下來，也不懷疑個人有責任。諸如：以賽亞書8章20節和馬太福音7章15－20節的經文，所反映出來的聖經標準，去試驗那些宣稱是先知的人。復臨信徒的領袖們，同樣相信在信徒的生活中，任何諸如此類的恩賜都必須是在聖經的旨意之下，只要這些恩賜不是服從聖經的旨意，就是被誤用了。

因此，懷雅各在1851年這樣寫道：「所有聖靈的恩賜都應該有其合適的位置。聖經才是那永遠的磐石，是我們信仰和實踐的標準。」他還斷言，如果所有的基督徒都像他們應該的那樣勤勉和忠實，他們單從聖經中就能領會所有的本分了。「但是，長久以來，這種相反的情形就一直存在著。上帝懷著極大的恩慈來憐憫祂百姓的軟弱，並將各樣的恩賜加給福音教會，以糾正我們的錯誤，把我們帶向祂活潑的話語。保羅說這些恩賜是為了『成全聖徒』，『直等到我們眾人在真道上同歸於一』（以弗所書4：12－13）。教會在不完全的光景中，極度需要上帝顯示聖靈恩賜的機會。」

「每一個基督徒因此就有義務,接受聖經為自己信仰和責任的完全標準。他應該熱切地禱告,以獲得聖靈的幫助,從聖經中找到完整的真理和自己的責任。他無權在聖經以外藉助任何恩賜來認識自己的責任。我們要說,如果他這樣做,在那一刻,他乃是將恩賜置於錯誤的地方,採取了一個極端危險的立場。應該把上帝的道擺在前面,教會的眼目要注視於其上,作為行動準則和智慧的泉源,藉此在『一切的善行上』認識到責任之所在。可是,如果教會因在一些方面背離了聖經真理,而變得軟弱多病,羊群也零落四散,就需要上帝用聖靈的恩賜來歸正、復興及醫治那錯誤之處,而我們則應該為上帝作工。」(RH,1851年4月21日)

1868年,懷雅各以同樣的心境告訴信徒們,「在教會裡,要把恩賜放在合適的位置上。上帝從來沒有把恩賜擺在最前面,而人們在通往天國的真理之路上,也沒有命令要靠著恩賜的帶領,才能行走。祂所推崇的是上帝的話語。在通往上帝國的道路上,舊約聖經和新約聖經,才是人們腳前的燈和路上的光。我們要跟隨這光。如果你背離聖經的真理,就有失喪的危險,也許上帝會在祂所選擇的時候(藉著恩賜)使你歸正,領你回歸聖經。」(同上,1868年2月25日)

我們看到懷雅各與其妻子,在屬靈恩賜與聖經之間關係的問題上是一致的。這個立場也反映了其他早期基督復臨安息日會領袖們的共識。他在這個主題上所表達的意思是清楚明白,毫不含

混的。

在此，我們要看到很重要的一點，懷愛倫、她的丈夫、以及其他復臨信徒的領袖們，都相信懷愛倫的預言恩賜是從屬於聖經權威的，但這並非表示，他們就認為她從聖靈所獲得的話語，在品質上低於聖經作者們所得到的。相反的，他們相信，那位透過聖經向眾先知說話的同一位權威，也透過她說話。

我們在這裡看到了一種審慎的平衡。**儘管復臨信徒們看待她所獲得的聖靈啟示，與聖經作者們的所獲得的啟示是一樣的，在根源上具有相同的神聖性，但他們並不認為她具有相同的權威。懷愛倫與她的復臨信徒同伴們，都認為她的權威源於聖經，但不等於聖經。**

所以，她的權威並不會大過聖經中真理的界線，也不會與之相抵觸。懷愛倫對此有適切的敘述：「這些寫出來的證言並非什麼新的亮光，而是將那些已經（在聖經中）啟示出來且帶著靈感的真理生動地印在人的心裡而已。……《教會證言》中沒有另外的真理，只是藉此簡化了那些已經賜下的偉大真理。」（5T 665）

不幸的，有些人並沒有留意懷愛倫在她自己當中所設下的限制。這等人用不完整的解釋方法（本書稍後有討論）和錯誤的強調，把她的觀點推到了聖經的領域之外。他們「新的」和「超前的」亮光有時不僅與聖相抵觸，也與懷愛倫自己所設的使用她著作的基本界線不協調一致。我們只有在聖經的框架背景中讀她的著作才

是穩妥的。當我們想用懷愛倫去強調一些在聖經中沒有清楚教導的東西時，最好慎始敬終。我們還要記得，救恩所必備的一切都已經出現在聖經裡了。

在結束懷愛倫與聖經之間的關係這一主題之前，我們還要來探討另一個問題。有一些復臨信徒一直把懷愛倫視為一名沒有錯誤的聖經注釋者，在某種程度上，就是說我們應該用她的著作來決定聖經的含意。因此，復臨教會的一個主編才會在1946年的《評閱宣報》上寫道：「懷愛倫的著作構成了一部偉大的聖經注釋。」他繼續指出，懷愛倫的著作和其他的注釋不同。它們是「帶著靈感的注釋，由聖靈的提示所促成，這使得它們處於一個高於其他注釋，與眾不同的獨特等級上。」（RH，1946年6月9日）

雖然懷愛倫聲稱她的寫作有聖靈光照的優勢，但她並沒有說我們應該把她的著作，當成聖經含意的最終解釋。所不同的是，鐘斯（A.T. Jones）在1894年關於懷愛倫著作之目的的文章中，將她的著作說成是「沒有錯誤的」聖經解釋者。他斷言正確使用懷愛倫著作的方法，就是「透過這些著作來研究聖經」。他暗示，這種方法「會使我們所有的人都『擅長講解聖經』」（HM增刊，1894年12月）。鐘斯的提議，給二十世紀的許多復臨信徒設定了路線。

我們絕對有必要認識到一點，懷愛倫拒絕以「沒有錯誤的注釋者」的方法來使用她的著作。懷愛倫在兩個問題所做出的反應就是最好的例子，一是對加拉太書中律法的解釋，二是對但以理

書第8章中的「經常獻的祭」的「常獻」（daily）特性的解釋，這些神學之爭，使本會的思想領袖們在三十年的大部分時間中，處於分裂狀態。

這些鬥爭都是圍繞她對這些經文的假設性解釋展開的。據她的某些讀者說，在1850年代，她所寫的證言中，已經提出加拉太書中的律法乃是儀文律法。對於這些人而言，這就是確認律法特性的鐵證。但是他們對問題的解答存在一個問題，即這份關鍵的證言已經遺失了，因而這份「證據」根本無法確定。

懷愛倫對這場神學危機的回應是很有見識的。1888年10月24日，她在明尼蘇達州明尼阿波利斯市（Minneapolis）所召開的總會代表大會會議上，向參加爭論的代表們指出她遺失了這份在1850年代所寫的證言，是出於上帝的旨意，因有些人聲稱這份證言已經一勞永逸地解決了爭論的問題。她斷言：「上帝對這件事有一個目的。祂希望我們去看聖經，從聖經中尋找證據。」（1888年材料，153）換句話說，她對於聖經在此主題上所作的敘述，比對她自己所寫的內容更感興趣。

但是，代表們手中有她在1883年出版的《保羅略傳》（亦名《保羅生平簡介》，*Sketches From the Life of Paul*），此書似乎確切地蓋上了她贊成儀文律法之解釋的印。

懷愛倫對這樣使用她的著作有何反應呢？就在有人把《保羅略傳》中的觀點提出來的當天，她對代表們說：「我要研究了這

個問題之後，才能決定（在加拉太書的解釋上）採取哪一方的立場」（同上）。簡言之，她拒絕那些把她當作「沒有錯誤的注釋者」之人所用的方法。當她對代表們說以下的話時，我們就明白了在她整體回應中所顯示出的中心思想，「如果你跪下來查考聖經，那你就會了解它，你也能向每位詢問你的人，說出你心中盼望的緣由。」（同上，152）

　　20年後，在對但以理書第8章中的「常獻」之特性的解釋，發生爭論時，懷師母採取了同樣的立場。在這場鬥爭中，那些鼓吹舊解釋的人，認為新解釋會推翻本會的神學，因為在懷愛倫的《早期著作》中有一段敘述支持傳統復臨信徒的解釋。有鼓吹舊解釋之人的領袖爭辯說，若對已經確定的立場有任何改變的話，都會破壞懷師母的權威。他對懷愛倫著作與聖經之間關係的看法相當直率，「我們應該懂得這種藉助於預言之靈（也就是懷愛倫的著作）幫助的表達方式。……預言之靈就是為了這個目的而來的。……所有的難處都會（以這樣的方式）得到解決。」（哈斯科爾致普列斯科特的信，S.N. Haskell to W.W. Prescott，1907年11月15日）

　　懷愛倫不同意這個論點。她請求「不要用」她的著作來解決問題。「我懇求H長老、I長老、J長老，及我們當中其他作為領袖的弟兄們，不要引用我的著作來支持他們對『常獻』的觀點。……我不允許我的任何著作被拿來解決這樣的問題。……關於他們所討論的問題，我一直沒有得到來自天上的指示。」（1SM 164）

這樣，在兩場鬥爭中，懷愛倫所採取的立場乃是：如果以她為「沒有錯誤的注釋者」來決定聖經的含意，就不要任意引用她的注釋。

懷威廉（W.C. White）就其母親與聖經之間關係的問題，也向我們提供了很有意思的見解。他寫道：「我們的一些弟兄們大吃一驚，也十分失望，因為母親並沒有寫一些明確的內容，來解釋『常獻』究竟是什麼的問題，以化解當時的爭執。有時我也希望化解爭執，但是我發現，那時候還沒有達到上帝認為應該透過祂的信使，並藉由一個啟示，來解決『常獻』問題的適當時機。後來我就開始愈來愈相信，應該對聖經和正史做一番徹底的研究，直至獲得對真理的清晰了解，才是上帝的旨意。」（懷威廉致梅根的信，W.C. White to P.T. Magan，1910年7月31日）

她拒絕成為「沒有錯誤的聖經注釋者」的角色，任何人都不應該對此感到奇怪。她從未承擔過這個角色，卻總是向人們指出自己去研究聖經的必要。她也從未採取一個立場說：「你必須讓我來告訴你聖經真正的意思。」懷愛倫最不希望的，就是阻擋在人與聖經之間。

費立茲‧蓋伊（Fritz Guy）對此有很好的闡述：「如果我用手指著天花板說：『看啊！』當然，我並不是希望你來看我的手指，我是希望你順著我的手指，往我所指的方向看。所以，如果你堅持要看我的手指，那我就知道你不懂我的意思。」（費立茲‧蓋伊

未出版的手稿，1986年1月8日）懷愛倫也是如此。她一貫的把她的讀者們指向聖經，從來沒有想要為聖經的含意做最終結論的意圖。實際上，在她的著作裡，她從同一處經文中帶出的教訓或作出的解釋，並非總是相同的。

那些想要讓懷愛倫成為「沒有錯誤的聖經注釋者」的人，乃是離開她的勸勉，而且實際上，是顛倒她的話，將聖經作為小光，讓她作為大光來對聖經進行解釋。已退休的懷愛倫著作託管委員會[註]主任羅伯特・歐森（Robert W. Olson），在解釋「沒有錯誤的注釋者」之方法的內在問題時，說得很好，他寫道：「讓某個人對聖經的解釋有完全的控制權，實際上是把那人高舉在聖經之上。甚至是如果使徒保羅要對其他的聖經作者，行使解釋的控制權，也是錯誤的。若真是那樣的話，保羅，而非整本聖經，將成為聖經的最終權威。」（《101個問題》*One Hundred and One Questions*，第41頁）我們唯一的安全之策，就是讓聖經的作者們為自己說話。同樣的，懷愛倫也是如此，要在每一位作者所傳達之信息的背景中，理解作者的著作。

歐森偶然發現了另一個重要的問題，他寫道：「**懷愛倫的著作，就其性質而言，通常是說教性的或佈道性的，嚴格地說不是解經性的。**」（同上）霍華・馬歇爾（I. Howard Marshall）協助我們對此觀念有更多理解，他指出，「解經是聖經的研究。……要正確地了解不同的聖經作者，試圖對他們當初的聽眾說些什麼，」而

「講解也是聖經的研究，要確定聖經對我們說了些什麼」。（《聖經的靈感啟示》*Biblical Inspiration*，第95－96頁）

你可能會想，這些是如何應用到懷愛倫與聖經之間的關係上去呢？簡單地說，懷愛倫一貫地指示她的讀者們去研究聖經，去發現聖經的作者所說的是什麼，即解經。不僅如此，她還有條有理地把聖經的諸般原則，應用到她的時代與處境當中，即講解。她在這個兩方面都發揮了作用，乃是作為「一個小光引領人們去就那大光」（CM 125）。她的這種表達，並非表示她所得到的聖靈啟示比聖經作者們所得到的要低一個等級，而是說，她著作的角色是把人引向聖經。

我們已經分析了重要的警告，就是別把懷愛倫當成萬無一失的聖經含意「注釋者」，而且也意識到她「通常」是說教性地談話，而非解經性地談話，另外必須注意的是，她偶爾也會說出經文的解經性含意。我們若要確定她著作中哪些注釋本質上是解經性的，就必須結合所要考慮的聖經經文背景，並在懷愛倫著作的上下文中來讀。歐森寫得很到位，也很中肯，他說：「對讀者而言，在宣稱懷愛倫是以解經性的立場解釋經文之前，要相當確定她是如何使用該經文的。」（《101個問題》第42頁）

註：依照懷愛倫的遺願而建立的懷愛倫遺產託管公司（Ellen G. White Estate, Inc），負責管理她的文字遺產。其辦公處位於美國馬里蘭州銀泉市，基督復臨安息日會全球總會的大樓內。

編者按：目前所有彙編的懷氏著作，皆需經由此託管公司所組成的「懷氏著作託管委員會」審核通過，才能出版發行。

第 4 章

官方與非官方的彙編

懷愛倫從來不希望彙編的工作，

因她的去世而停止。

隨著年事漸高，她明確指示，

懷愛倫著作託管委員會有責任，

把她的手稿彙編刊印。

我們在把懷愛倫的想法彙編成不同主題的書籍時，是否犯過錯？我們對問題一一進行強調，卻撇開其上下文的聯結，這種方式會不會比較容易忽略某些原則和更寬廣的視野？

這些問題問得好！我在一個地方教會中以「讀懂懷愛倫著作」為專題，召開了一次週末研討會，在最後的問與答環節時，我收到了這些問題。我們將特別在本章和本書其餘的部分，來反思這些問題。

關於彙編，我們所應該注意到的第一件事，就是這種彙編的創意，是懷愛倫寫作事工的內在性質所特有的。一些按照主題組成的彙編合集，如《給父母、教師與學生的勉言》和《傳道良助》都是在她生前完成的。此外，第九卷《教會證言》則是由她的書信和手稿所組成的。然而，這還不是全部，甚至連深受懷愛倫喜愛的《喜樂的泉源》和《歷代願望》也有編輯的部分。例

如：在懷愛倫準備撰寫《喜樂的泉源》時，她的秘書會幫她蒐集她以前的文章、書信及其他手稿中能用於新書的相關素材。當然，懷愛倫會親自審定這些素材的取捨和分類。也會把新的素材添加到需要的地方，並修改已有的文件，因此，這樣寫出來的書就較為平順而流暢。

但一定要記住，懷愛倫從來不希望彙編的工作，因她的去世而停止。隨著年事漸高，她意識到在她有生之年，不可能把所有的材料都以書冊的形式整理出來。她明確指示懷愛倫著作託管委員會，有責任「把我的手稿彙編刊印」。（3SM 76）

在另一處她寫道：「在這末世的日子裡，豐富的亮光已經賜給我們這一群人。無論我是否健在，我的著作都會不斷地說話，其作用要持續到時間的盡頭。我的著作都歸檔存在事務所裡，即使我不在世了，這些主所賜給我的話語仍具有生命力，繼續向人們說話。」（3SM 76）

在我們對彙編做更進一步的討論之前，最好先替我們所討論的這個詞句下一個定義。那些我們通常稱之為「彙編」的懷愛倫書籍，一般都由大量簡短的摘錄所組成，編輯者在一個特定的主題上，把這些摘錄用合乎邏輯的次序進行排列，並集合在各章裡面。編輯者通常是懷氏著作託管委員會的工作人員，代表「官方」的編輯。像《兒童教育指南》和《論飲食》就屬於這個範疇。為了一目了然，我們在本書中稱這樣的作品為「主題式彙編」。

　　主題式彙編是極有價值的，就本質而言，這種編法往往是百科全書式的編輯方式。主題式的編輯，試圖把懷師母在某個特定主題上所有最重要的素材，都呈現在一個地方。因此，如果有人想要在一些不同的主題上，深入了解懷愛倫的想法，例如：挑選生活的伴侶，控制食欲，或以安息日學為贏得生靈的方法，那麼，主題式彙編就是為此量身定做的。

　　主題式彙編有一個潛在的不利因素，就是在編輯過程中絕大多數的語句，都不可避免地，會從其上下文和歷史背景中被抽取出來。上下文之所以意義重大，是因為它通常會幫助讀者，更充分地理解作者的意圖和完整的意思。為了減少這種不利的因素，並向讀者提供上下文的信息，自懷師母離世之後，所有已出版的官方彙編，都已經配上了原始資料的參考標示。本書後面的篇幅，會幫助大家處理一些因主題式彙編所導致的解讀問題。

　　在主題式彙編的領域裡，有一個相反的情況，那就是以這種百科全書的方式排列起來的簡短摘錄，被大多數人當成了懷愛倫的「書」。這類作品包括《先祖與先知》和《天路》。正如之前提到的，這些編輯的內容，通常都能從懷愛倫以前所寫的素材彙編中，找到其來源。可是，這一類作品的優勢在於其形成過程得到了懷師母的親自關注。因此，她能把所需要的素材補充進去並修改現有的語句，使作品更加協調。當然，這些「書」還有一個優勢，就是能在更完整的上下文中呈現題材。

另有一類作品，介於主題式彙編和懷愛倫平順流暢的書籍之間，諸如《教會證言之信息選粹》和《基督教育原理》。這些作品通常是由「長度為一章」的節選所組成，其優勢在於提供了比主題式彙編還要更多的上下文。

當懷愛倫意識到上帝為某些人和某些情形所賜給她的勉言，也可以應用於其他許多人和情形的時候，她就開始出版《教會證言》這一類的合集了。她在1868年寫道：「鑑於證言中賜給個案的警告和指示，若應用在其他許多沒有以這方式得到特別指導的人身上時，也具有同樣的影響力，對我來說，為教會的益處而出版這些個人的證言，似乎就成為我的責任了。」（5T 658, 659 比較 1T 631, 632）主題式彙編的創意，只是這個過程的延伸而已。因此，我們應該將懷愛倫去世之後所增添的彙編合集作品，看成是她生前所做之工的延續。

然而，自1915年之後所出版的編輯作品，都是受到限制的。由於懷師母沒有見過這些作品，因此，這些作品不能列在她去世之前的出版作品中。對懷愛倫著作託管委員會而言，若要極力保證每一本書都忠於她勉言原來的意圖和意義，就必須設立一個審慎的指導方針和編輯過程。

可惜，有一些特殊的利益集團和個人，他們或看重這一點，或看重那一點，並且想要利用懷愛倫的權威來支持他們的結論，一般而言，就不會這樣小心謹慎了。

懷師母生前，就曾受到一些自行出版她著作的人之困擾。她對所有這種想要成為她「幫助者」的人都很警惕，甚至是對那些有良好動機與資格的人也是如此。她在1894年寫道：「在我們自己人當中，有不少人寫信給我，以最真摯的決心請求得到使用我著作的特權，以使某些主題具有說服力，他要以一種給人留下深刻印象的方式，把這些主題介紹給別人。」

「確實，有些情況之所以應該被提出來是有原因的，但我不會冒險贊同以這樣的方式使用證言，或者批准他們把原本適得其所的內容，以他們所建議的方式予以重置。」

「那些提出這些建議的人，據我所知，應該有能力用智慧的方法來進行寫作的計劃，但我仍不敢給他們就算是最小的特許，讓他們用所建議的方式來使用我的著作。要把諸如此類的建議和計劃納入考慮範圍，就要顧及許多的因素，因為若用證言來支持作者心中那些印象深刻的題材，就會使人對這些證言產生一種印象，與它們在原出處所留下的印象不一樣。」（1SM 58）

懷愛倫不僅要應付表面和諧的人，就是那些對她的作品進行彙編，很可能無意中帶出錯誤印象的人；她還要應對那些個性偏激的人，他們以各種方式使用她著作的摘錄，使她的言論甚至與她原本的意思背道而馳。

她寫道：「我知道，許多人接受證言為上帝所賜，並且按他們所認為應該的方式來應用這些證言，這裡一句那裡一句地從原

來合適的地方把它們摘錄出來，隨自己的心意使用。這些可憐的人變得迷惑混亂，何時他們能按照順序來閱讀全文，他們就會看見正確的應用，就不會變得困惑混亂。許多聲稱是來自懷姊妹的信息，所造成的後果是曲解懷姊妹的意思，試圖要證明是她所贊同的東西，其實與她的思想和判斷並不一致。」（1SM 44）

另一些引用懷愛倫話語的人，把他們自己的話「填進」她的話裡面，讓人覺得這些觀念是她的（見6T 122, 123）。還有一些人，當他們「希望強化自己的立場時，就會直接從《教會證言》的語句中，找出他們認為可以支持自己觀點的那一部分，盡可能以強烈的方式加以解釋。」（5T 688）

最令懷師母失望的，莫過於那些濫用她的著作去證明自己觀點的人，他們抽離她的語句來使用，或者是私自地對她的著作進行編輯。讓我們聽聽她心中的呼聲：「我在私下交談中可能說過的話會被再三轉述，使這些話所傳達的意思，與原本已經被聆聽者用思想和心靈所認可的意思完全相反，甚至害怕跟我的朋友們說話，因為事後我會聽到，懷姊妹這樣說，或懷姊妹那樣說。」

「我的話如此被濫用和曲解，使我得出結論，上帝希望我置身於大群會眾之外，謝絕私下的面談。我所說的話以這樣不正當的角度被轉述出來，對我而言是新奇而陌生的，這些話混合著個人所說的言詞來支持他們自己的理論。」（3SM 82, 83）

當然，懷愛倫不可能控制那些誤用她著作的人，但是她發出

了警告,「上帝將要審判那些沒有充分理由而擅自行事的人,他們為了讓自己所認定的真理具有名聲和影響,而使用了不名譽的方法。」(TM 33)

對於那些有強烈欲望要用她的話來證明自己觀點的人,懷愛倫有什麼忠告呢?她寫得既清楚又明白:「讓證言為自己說話吧!不要讓別人摘錄那些原本是給個人和家庭的最強而有力的語句,不要讓他們推動這些東西,因為他們不過是想使用鞭子並弄點可驅趕的東西罷了!」(3SM 286, 287)

關於把她生前沒來得及整理某些主題中的勉言,介紹給人的問題,她的解決辦法是把權力交給她遺產的託管人,在她身後以各種不同的主題來編輯她的作品。

她確實知道這樣的編輯內容有其侷限性,但令她感到欣慰的,是有一個在她去世之前用來把她的作品介紹給人的制度。她也知道,這樣一個帶著監察、制衡,及預防機制的委員會制度,保證最能忠實和準確地傳播她的思想。

最後,我們應該注意到,懷愛倫在她生前就迴避了那些不受控制的獨立彙編方式,她還為她身後的官方彙編之監控發展,做了預備。

在本章中,我們已經看出由懷愛倫著作託管委員會來發展合集或選集的必要性。但是,即使是最細心的發展,這些文獻還是有可能被誤用的。下一章提出一個閱讀懷愛倫的計劃,本書的

其餘部分則要逐步提出解釋，和應用她勉言的諸般原則。書中許
多關鍵的概念將以有益的方式幫助讀者們，與主題式彙編建立聯
繫。

第 5 章

計劃性的閱讀

閱讀上帝的話語能帶來祝福。

我所建議的計劃，對許多人都很有用。

但是如果它不符合你的需求，

那麼，我勸你制訂另一個讀經計劃。

一定要閱讀聖經！

這對你健全的屬靈生命是絕對必要的。

每一個基督徒都應該有一個閱讀計劃。正如的食物滋養人的身體一樣,生命中靈性的部分,也要藉著「吃」上帝的勸勉和應許來餵養(見耶利米書15:16)。一個健全的信仰,乃是建立在穩固基礎上的,就是要認識上帝在過去歷史中給予其百姓的引領;要察覺上帝在現今日常生活中的關懷眷顧之舉;要了解上帝在未來將要成就的應許。我們獲取這些信息的主要方式,就是透過上帝在整個猶太教和基督教所共有的歷史進程中,藉著祂的眾先知所說的勉言。

但是,你可能會想,「**要讀的東西太多了。我們如何開始呢?從哪裡開始讀起呢?**」

如果我們正確聆聽懷愛倫,我們就應該從聖經開始讀起,而不是她的作品。但即使是讀聖經,我們也需要一個計劃。畢竟,如果一個人從利未記或申命記的中間開始讀,那他或她很快就會

迷失在祭祀供奉或儀文規條所組成的迷宮之中。

　　還有，另一些人捧起他們的聖經，按著自己的承諾，從創世記到啟示錄，每天大量閱讀。這種方法對少數初讀聖經的新手（或是讀經老手）可能有用，但大多數人在順利完成了創世記和出埃及記的前半段之後，就會在出埃及記的後半段，對地上聖所設施和祭司衣服極度細緻的描寫中，陷入停頓。「哎呀！通讀聖經也不過如此而已！」，他們會在得出結論的同時，卻闔上手中的聖經。

　　也許，讀經最好是從四福音書開始。畢竟，聖經所講的，不正是耶穌為我們的罪而降生和受死嗎？

　　因此，我的第一個建議是，你要制訂一個能一直堅持下去的閱讀計劃，從馬太福音讀到約翰福音。要開始對耶穌有所了解。你要注意祂是如何與各個階層的人相處；從祂的比喻和講道（尤其是山上寶訓）中捕捉祂革命性教導的精髓；回顧溫習祂承諾過的話。不要為讀懂每一個細節而發愁，就連那些一生研究福音書的人，都還會在每次的閱讀中獲得新的見解。只要在你所能理解的程度上，為上帝給你預備的祝福去讀就好了。或許我應該補充一點，好的現代譯本通常會使你的閱讀更加生動有趣。

　　當你把福音書讀過幾遍之後，就接著讀使徒行傳中的早期教會歷史吧！使徒行傳之後，你要透過連續的閱讀，從舊約（創世記、出埃及記1－20章，民數記的一部分，以及從約書亞記到以斯帖記的全部內容）所記載的偉大歷史性敘述中找到祝福。再說一次，你並不是要完全弄

懂每一個細節才能接受祝福。

到目前為止，你所讀的聖經都是故事性的。接下來你要嘗試閱讀新的書信和舊約的詩歌、預言，以及律法。在你探索這些聖經中較複雜的部分時，要設法將你新領受的與你之前所讀到的敘述部分聯繫起來。此時，你可能才準備好，從創世記到啟示錄的順序來閱讀整本的聖經。

閱讀上帝的話語能帶來祝福。我所建議的計劃，對許多人都很有用。但是如果它不符合你的需求，那麼，我勸你制訂另一個讀經的計劃。一定要閱讀聖經！這對你健全的屬靈生命是絕對必要的。

聖經之外，你會在其他基督徒的書籍中發現另外的祝福，懷愛倫所寫的著作也包括在內。然而，她寫了很多書，應該從哪裡開始呢？

我的建議是，你不要從以主題彙編的書開始讀，諸如《復臨信徒的家庭》、《論飲食》或《退休之後》（*The Retirement Years*）之類。因為這樣讀就好像一開始就從聖經的利未記讀起一樣，很容易讓人在細節中迷失方向。

就如同閱讀聖經一般，最好先從寬廣的視野入手。在懷愛倫的著作中，要從《歷代之爭叢書》註1開始讀。這套叢書共有五本書，涵蓋了善與惡，基督與撒但之間宇宙性鬥爭的整個時期。因為一切都關係到耶穌，所以我的建議是，最好從撰寫基督生平

的《歷代願望》開始，初讀時，你會看到在此書中大部分章回的第一頁底部都有聖經的參考標記。這些參考內容是與懷愛倫在本章所論述的內容平行的聖經章節。許多讀者先讀聖經章節，再讀《歷代願望》的內容，就得到祝福。在讀了《歷代願望》之後，就可以連續地讀《先祖與先知》、《先知與君王》、《使徒行述》和《善惡之爭》了。註2

在懷愛倫其他書籍的清單中，我要放在最前面，作為起始部分來閱讀的有：《喜樂的泉源》（一本靈修名著，帶著大祝福，可以在她所寫的任何書之前先閱讀）、《天路》及《山邊寶訓》。

一個人對懷愛倫的著作有了寬廣的視野，並且對她的風格、負擔，及全部的背景有了「感覺」之後，他或她就會想要了解懷愛倫更多的作品。這些作品大多是著重在特殊情形中，基督徒要如何應用的原則。到了閱讀計劃的這一步，人就可以決定，是要讀九卷本的《教會證言》，或是在他們自己感興趣的領域裡，選一些勉言的書來讀。

讀一遍《教會證言》會得到極大的祝福。《教會證言》幾乎涉及了復臨運動前60年歷史中所能想得到的每一個機會和問題。讀《教會證言》的人，如果有一本關於本會歷史的書會很有用，如拙著《期望中的復臨》（*Anticipating the Advent*）或理查‧施瓦茨（Richard Schwatz）寫得更詳盡的《餘民的擎光者》（*Light Bearers to the Remnant*），讀懷亞瑟（Arthur White）所著六卷的懷愛倫傳記，能方便

地了解參考背景的來龍去脈。另一個有助於了解歷史要點的資料來源就是《基督復臨安息日會參考文庫》（Seventh-day Adventist Bible Commentary Series）。

對於那些腦海中已經有了較寬廣的視野，準備涉獵勉言書籍的人，我強烈建議他們在涉獵那些更像百科全書式的主題彙編之前，盡可能讀一些具有廣泛基礎的書，是懷愛倫在特別領域裡提煉過的，例如：一個人對健康的生活方式有興趣，就應該在鑽研《論飲食》之前，先讀《健康之源》（舊名《服務真詮》）。同樣，那些對教育有興趣的人應該先研究《教育論》，再學習《基督教育原理》。這樣的閱讀順序，可以讓一個人先對懷愛倫在這個特別領域裡更廣博的見識有所了解，而這樣的見識則有助於讀者們，把從主題式彙編中得到的零星片段，更融入整體的平衡中。

關於閱讀彙編而成的書籍，我要特別提醒一點。請記住！懷愛倫的各種勉言是在許多不同的情形中，寫給許多不同的人。任何一名讀者都不可能有彙編中所寫的全部問題。因此，讀者需要明白，主題式彙編的目的，是把一個主題上所有的語錄收集在一處。本書後面的篇章將會提出建議，告訴讀者在閱讀許多主題式彙編內容的時候，應該如何處理所遇到的疑難問題、解決方案，及理想狀態的「清單」。同時，要緊記主題式彙編的目的，和這種編輯方法的內在侷限性。

總之，最好是制訂一個閱讀計劃，可以使閱讀的人，從寬廣

的視野逐步前進至增加更多的細節。

讀者們還會發現四冊《懷愛倫著作綜合索引》（*Comprehensive Index to the Writings of Ellen G. White*），以及懷氏遺著的光碟（已出版的懷愛倫著作）對查詢她著作中各種有趣的主題很有幫助。最後一個建議是，當你閱讀的時候，手邊要有一支做記錄的筆。許多人都發現，把每一段或每一頁的關鍵思想，或中心概念標記出來，會大有好處。

我想用哈德（F.E.J. Harder）的一段忠告，作為本章的結束，「要公平地對待作者和你自己。**不要把讀**（懷愛倫的）**書限制在摘錄引證、推敲語句、分割勉言、或突顯段落的藩籬中，要像她寫書那樣來讀她的書。**當然，對於參考而言，合集是極好的。然而，對於熟悉真正的懷愛倫，對於學習她實際上所教導的，對於察覺她的見識對你的理解所能產生的影響，以及對於培育一種豐富而充實的生活經驗，沒有什麼活動，能比得上閱讀懷愛倫在其文學語境，和文學形式中所寫的那些富有靈感和激勵人心的著作，所發出的力量。」（《懷愛倫對我有何意義》，*What Ellen White Has Meant to Me*，H. E. 道格拉斯編，第117頁）

註1和2：《歷代之爭叢書》是指《先祖與先知》、《先知與君王》、《歷代願望》、《使徒行述》、《善惡之爭》這五冊書。對懷愛倫眾多書籍的描寫，可參閱《結識懷愛倫》的第五章。（1996年，評閱宣報出版社出版）

【第二部分】
解釋的原則

第 6 章

以健全的觀點開始閱讀

閱讀懷愛倫的作品時，

切勿試圖找出引證或論據來支持我們既有的立場。

這樣的心態會使我們看不清事實。

唯一健全的方式，

是本著尋求真理的精神來讀它們。

我們的心態如何影響我們每日的生活，遠超出大多數人的想像。那些在生活中總以為別人設法想要算計他們的人，最終會把自己的注意力全都放到那些真正算計他們的人身上。而那些以消極態度和眼光來生活的人，也很容易看到負面的事物。

關於如何讀懷愛倫的著作，我們的見解和看法也同樣很重要。本章會提出幾點建議，使我們的閱讀能獲益良多。

首先，在閱讀之前，為了得到引導和理解力而禱告。那在歷世歷代中默示了眾先知作品的聖靈，才是唯一能夠解開這些作品真意的一位。

我們的學習，除了要把屬靈的客觀事實帶進來之外，我們也非常需要有主觀的一面。那就是，我們的禱告態度會軟化我們，並打開我們的思想、心靈和生命，使我們有一種想要認識上帝的真理和在生活中實踐真理的誠摯願望。

其次，我們需要以開放的思想來展開我們的學習。我們大多數人都了解，沒有人是不帶偏見的，沒有人的思想是全然開放的。我們也承認，偏見進入了我們生命的每一個領域中。但這個事實並不表示我們要讓偏見來控制我們。

相反的，我們需要察覺我們的偏見，也要察覺這些偏見對我們在閱讀上的影響，以及對我們閱讀反應的影響。在這個過程中，我們應該看到，偏見有兩種情況，即偏袒和偏厭。那些在某一個問題上受到強烈且未被察覺的偏袒之影響的人，往往只看那些對他們的話題有利的論據（即使這些論據其實並不存在）。導致這種動態結果的部分原因是一廂情願的想法，還有部分原因是對實情無意識的（或有點意願的）延伸。如此同樣的影響，也發生在對某一觀念有偏厭的情形中。

雖然我們不可能完全戰勝人類的偏見傾向，但是我們卻能認識它，也能減輕它。因此，我們應該禱告，祈求聖靈幫助我們保持思想的開放和平衡。

我們可以把一個有著開放思想的人，定義為在面對可靠的證據時能做出改變的人。有一點很重要，就是我們**不要在讀懷愛倫的作品時，試圖找出引證或論據來支持我們既有的立場。這樣的心態會使我們看不清事實。閱讀懷愛倫的著作**（或其他任何作者的著作），**唯一健全的方式是本著尋求真理的精神來讀它們**。在我們努力消化所有得到之證據的過程中，我們每一個人都必須在發現自

己的錯誤時勇於承認，並樂於改變我們的想法和行為。

懷愛倫對此有很好的敘述，「**如果你查考聖經是為了維護你自己的觀點，你就永遠不可能得到真理。我們查考聖經是為了弄清楚耶和華是如何述說的。**」（COL 112）對於她自己的著作，她所表達的是相同的觀點。

第三個閱讀懷愛倫著作的健全心態，就是要對所讀的有信心，而不是去懷疑。正如懷師母所寫，「有些人本不想接受亮光，而是寧願走他們自己所選擇的路，卻想藉著查看證言，找一些東西來刺激他們不信和不順從的精神。」（1SM 48）

她又寫道：「撒但有能力對上帝所發出的尖銳證言，提出疑問並產生異議，許多人會以為變得不信、爭論、詭辯是他們的優點，是聰明才智的標誌。那些想要懷疑的人盡可以去懷疑，上帝並沒有打算去除一切不信的誘因。祂所賜下的證據，是必須以謙卑的心和受教的靈來仔細研究的，所有的決定都應該出自於這些有力的證據。」（3T 255）「上帝為了使正直的心思可以相信，就賜下了充分的證據。但人若因為有少許之處是其有限理解力所不能明白的，就轉而背向不顧有力的證據，那麼，他就會被留在不信和質問懷疑的氣氛中，急劇冷卻，並且信心的船也要傾覆了。」（4T 232, 233）

如果人要等到所有懷疑的可能性都被去除之後才信，那麼他們是永遠不可能相信的。這適用於聖經，也適用於懷愛倫的著

作。我們的接受取決於信心，而不取決於絕對完美無缺的證明。看來懷愛倫是正確的，她這樣寫道：「那些最反對證言的人，通常是那些沒有讀過證言的人，正如那些吹噓自己懷疑聖經的人，正是那些對聖經的教導知悉甚少的人一樣。」（1SM 45, 46）

關於健全的觀點，我們所討論的三個要素實在是緊密相關的。對聖靈引導我們進入真理的積極欲望，會自然地帶來開放的心思和相信的姿態。同樣的，懷疑的氣氛會導致心思的封閉和不願祈求聖靈的指引。可以很確信的說，閱讀的成果，在極大程度上，取決於我們閱讀的態度。

【第 7 章】

關注核心問題

閱讀聖經和懷愛倫著作的步調，

要從寬廣的視野入手；要從中心主旨入手。

因為上帝給人啟示的目的，乃在於救贖。

此救贖的焦點，

著重在基督的十字架和我們與上帝之間的關係。

個人可以透過至少兩種方式，來閱讀那些蒙聖靈啟示的材料。一是尋找作者的中心主題；二是搜索那些嶄新和迥異的內容。第一種方式會得到被認為是核心的神學，而第二種方式則產生了邊緣化的神學。

多年來，我直以第二種方式讀懷愛倫的著作和聖經。我在沒有考慮清楚這樣做，會有什麼結果的情況下，便開始搜集那些似乎是不尋常的聖經經節和懷愛倫語錄，藉此提出別人還沒有發現或強調的「新亮光」。在這個過程中，我出於興趣，就常常在那些「嶄新的和迥異的」主題上，搜尋一些更顯偏激的語句，從其上下文中抽取出來，形成我自己彙編的選集。在我對自己的發現覺得很滿意之後，讓信徒們信服我從懷愛倫著作和聖經中精選出來的「先進見解」，便成了我的任務。

很不幸的，這樣的學習方法常常產生出一種連上帝也認不得

的神學。這種方法所導致的是扭曲失真，以及對那些蒙聖靈啟示的原作品中沒有的東西加以強調。這種方法促使某教會（世界上成長最快的教會之一）的創建者們，讓活人代表他們已經去世的祖先來受洗。他們注意到在哥林多前書15章29節中，有一些哥林多人為那些已經死去的人受洗，因此這個現代運動在其信仰的核心教義中，就高舉了這個概念，卻根本不顧及這樣做，是與洗禮的真正意義相抵觸的，因為我們在新約聖經中其他的地方看到，洗禮應該是悔改之後信心的回應。有點不可思議，在新約聖經中只有此處講到這樣的信仰實踐，且與保羅在別處關於救恩的清楚教導相矛盾，所以它應該只是一個警告而已。一節含意模糊的經文，絕不能作為一條教義的基礎。

哥林多前書15章所探討的，是一個基督教神學的重要主題：即基督身體復活，和末日那些信祂之人復活的真實性。這是一個處於新約聖經核心的基本教義。然而，哥林多教會的一些人既懷疑基督的復活，也懷疑聖徒將來的復活。對那些有懷疑的人，保羅回應說，如果沒有復活，他們所信的就是徒然，他們也就比世人更困惑（見哥林多前書15：12－19）。

這種困惑致使他們之中的一些人，有了為死人受洗的做法。一個人如果順著保羅在本章中的思路，就能明白地看出他並沒有提倡為死人受洗的做法，而是在詢問哥林多人，如果他們根本不相信身體的復活，那他們為什麼要這麼做。保羅只是指出了他們

的混亂，並暗示他們按自己的邏輯應該可以得出合理的結論。

　　至少可以說，有些哥林多人在復活和洗禮的問題上是混亂的。然而，有些現代人卻在哥林多前書15章29節中，發現了他們所認為的新亮光，並以這節孤立和模糊的經文，作為他們一項主要教義的基礎。**那種強調嶄新的閱讀方法，會導致一種邊緣化的神學。這種神學常常不是聖經所教導的。**

　　閱讀哥林多前書15章，所要使用的方法是分析該章的中心主題。這個主題應該是貫穿全章的。該章一開始保羅就告訴他的讀者們，福音（或好消息）的核心是基督為我們的罪死了，又從死裡活了過來（1-4節）。結束時，保羅又重申，基督的死與復活的應許賜給我們（51-56節）。該章的中心主題是復活，而非為死人受洗。為死人受洗的主題，只是讓我們看到使徒保羅用諷刺的例證，來指出哥林多人在復活主題上的前後矛盾而已。把例證當作教義乃是一個錯誤，但有一個大教會就是這樣做的。舞弄「邊緣神學」（a theology of the edges）可能使一個人得到「新亮光」，但是經過聖經上下文中那些重要且可靠的教導檢驗之後，這樣的亮光最終卻可能更顯得盲目無知。

　　在懷愛倫著作的殷勤讀者中，許多人傾向於為發展邊緣神學而閱讀，這是一個悲劇。懷師母生前就曾堅決反對以這樣的方式使用她的著作。她警告她的讀者，「要當心那些枝節問題，人的心思會因此而轉離真理。」（CW 47）

　　她還勸告說：「我們要小心接受那些被稱為新亮光的東西。我們必須謹防撒但，以免被他尋求新真理的幌子所蒙蔽，使我們的心思從基督和現今時代的特別真理上轉離。我已蒙指示，把人的注意力專注在那些模糊不清或並不重要的觀點上，乃是仇敵的詭計，這些內容沒有完全被啟示出來，或是對我們的救贖並非必要」（同上，49）。「現代真理」成了吸引眼目的主題。她在另一處寫道：「撒但的差役在行惡的事上很聰明，他們會製造出由一些人稱為高等亮光的東西，作為新穎而奇妙的事物加以傳揚。」他們所教導的其實是一些「枝微末節的問題」（TM 229）。

　　許多「新亮光」的鼓吹者，所帶來的教導之所以如此令人難忘，是因為他們那顯而易見的真摯，以及他們所說的大部分內容可能都是必要的真理。當我們處在十字路口，或是在懸崖邊緣如被追逐的鵝群時，我們如何辨別出什麼才是真正重要的呢？讓我們來看看懷愛倫對此問題的解答吧！

　　在《教育論》中有這樣一個論及主題的重要段落。她寫道：「**聖經乃是其本身的解釋者。應將經文與經文互相比較。**研究者應該學習將聖經作整體的研究，並查考各部分彼此間的關係。他應該獲得有關聖經**中心主旨**的知識；上帝起初為世界所立的目標，善惡大鬥爭的起源，以及救贖的工作等。他應該明白那爭至高權力的兩大本源的性質，也應該學習從歷史及預言的記載中，考察這兩大本源的工作，直至大功告成為止。他應該看出，這場鬥爭是如何進入

人類經驗的各個層面；他是如何將這兩種敵對動機的其中之一，表現在自己生活的每一個行動上；並且，在這場鬥爭中，不論他是否願意，他是如何做出決定而站在某一方。」（Ed 190）

另一個關於聖經「中心主旨」的相似段落，對聖經中心主題有更加清晰的定義。我們看到，「**聖經的中心主題，也就是全書中其他主題所集中的一個總題，乃是救贖的計劃，即在人心中恢復上帝的形像。**」以聖經中心主旨的角度來觀察，「則每一個題目都具有一種新的意義。」（同上，125）

從以上段落中，我們得到了閱讀聖經和懷愛倫著作的步調，**要從寬廣的視野入手；要從中心主旨入手。上帝給人啟示的目的乃在於救贖。此救贖的焦點，著重在基督的十字架和我們與上帝之間的關係。**我們所有的閱讀都要置於這個背景之下，而那些與中心主旨聯繫最接近的問題，顯然比那些處於邊緣的問題，更加重要。

作為基督徒，我們的任務乃是要聚焦在聖經和懷愛倫著作的核心問題上，而非執著於那些邊緣問題。我們若做到這一點，那些邊緣問題就會在上帝向其子民所啟示的「中心主旨」的背景中，處於一個適當的位置。另一方面，若全神貫注於基督教的邊緣問題，不僅會導致扭曲的理解，當我們把上帝的勸告應用於日常生活中時，也會製造許多難題。耽溺於邊緣乃是失衡和狂熱的溫床。

　　不同的是，以聖經「中心主旨」的觀點來閱讀，將有助於我們把所有的東西都置於適當的觀點中。這便是靈性健全之道，這也是耶穌在福音書中所突出的焦點，祂設法讓當時的猶太人明白何謂真宗教的目的，即是為此。

　　耶穌所針對的是中心神學，而非邊緣神學。祂希望我們也如此行。我們應該不僅以基督教「中心主旨」的觀點，來讀懷愛倫的所有作品，還要從每一本書或每一章的內容中，讀出它們在我們對中心主旨的理解上所帶來的幫助。「像基督徒一樣」閱讀，就是從善惡之爭的視野來讀，從基督十字架的角度來讀。

第 8 章

強調重要部分

在閱讀聖靈啟示的題材時，

需要著重在那真正重要的部分，

而非著重在上帝眾發言人，

對邊緣思想所做的陳述，

一定要聚焦在啟示的中心主旨上。

關於在謙卑洗腳禮中，使用長毛巾還是短毛巾，我們對此有相當大的分歧。就個人而言，我對短毛巾比較滿意；可是有人用長的、有人用短的，將會使新成員們感到很混亂。我要提出一個問題，「懷愛倫姊妹自己用的是哪一種？」

「在她的著作中有沒有談到這件事？（有一位女士聲稱在《早期著作》中有談到此事）。」

「最後，在最初實踐謙卑洗腳禮的時候，是不是一般都用長毛巾呢？」（謝弗致懷亞瑟的信，R. Shaffer to A. L. White，1933年11月1日）

這封信應該算是誤用懷愛倫作品的典型。首先，這封信將沒有聖經價值的事情放大成爭論的焦點。第二，這封信試圖藉助懷愛倫個人的榜樣和復臨信徒的傳統，來解決問題。

也許，其中最不尋常的地方是，這群會眾甚至讓所有的新成員來見證這樣的混亂。在我看來，有判斷力的人都會離開這樣子

的教會。可是，在復臨信徒會眾中，習慣性地展示這種「花絮事件」的人，卻不在少數。

懷威廉的回信帶出了對此事的正確觀點。他寫道，無論何時，他母親「參加洗腳禮，都是用教會女執事們所準備的毛巾，並沒有發表過意見或提出過批評。我的看法是，她將這樣的事情看作是芝麻綠豆的小事。」（懷威廉致謝弗的信，W.C. White to R. Shaffer，1933年12月15日）

談到舞弄邊緣神學的事。這封關於聖餐毛巾長度的信，就是一個最好的例子，它所強調的正是那並不重要的「新亮光」。然而，對於那群會眾，這件事卻已經變成了主要的問題。這正好反映出上一章，讀懂聖經與懷愛倫著作的中心主旨，所強調的重要性。

那麼，假如懷愛倫建議了某一長度的聖餐毛巾，會怎麼樣呢？這對教會又表示什麼呢？就算如此也不算什麼！這只不過是她個人的喜好而已。某些復臨信徒，有一種要把懷愛倫放到耶穌位置上的傾向。**耶穌才是我們的榜樣，而非懷愛倫**。把懷愛倫的榜樣推到我們宗教信仰的最前端，乃是異端的行動，而不是基督徒的行動。懷師母自己也同意這樣的想法。因此，當一些教會領袖想要把她的榜樣作為健康改良的權威時，她說，如果她所做的是他們的權威，那她「對你們的健康改良一點用都沒有」（MS 43a，1901）。她指出，他們要把所確信的建立在更牢固的事物上，而不

是她個人的生活方式。

聖經中被人過度提升重要性的事，幾乎無窮無盡，其中的一個例子，就是復臨信徒對鬍鬚問題的爭論。

在我的文件清單中有一份文件：「為何男人要留鬍鬚的四十一個聖經理由」，其中最吸引人的一個理由，是根據馬太福音10章30節，上帝已經數算了我們所有的頭髮。誰竟能如此傲慢自大地剪掉上帝已數算的東西？另一個論點是上帝在創造人的時候就造了鬍鬚，因此剃掉鬍鬚，就是除去上帝形像的罪惡舉動。還有，一個男人不可以穿戴屬於女人的服裝（申命記22：5），而女人臉上是沒鬍鬚的。順著同樣的思路，文章指出，「女性化的男人不能進入神的國」。原稿中所做出的最終結論，是「我們的榜樣基督是留鬍鬚的」。

還有一些復臨信徒被這個主題弄得太激動，而忘記應有的態度了，他們把剃鬍鬚視為等同於末日有獸的印記。在一份題為〈1940年：給餘民教會的另一個呼召〉的文章中，顯示了一位節欲的鼓吹者，「剃鬍鬚是今日世界的諸神之一。……當你剃鬍鬚的時候，你就不再是敬拜上帝，而是敬拜魔鬼了。撒但已經嘗試改變第四條誡命；現在他又在試圖改變第一條誡命。……當你設法在上帝的手所做的工上加以改善之時，就是在你剃鬍鬚的時候，你乃是在製造可悲的混亂，你會在不久的將來為此做出交代。」

懷雅各（James White）早在1857年就曾經試圖，制止復臨信徒中關於剃鬍鬚的宗教狂熱分子。他寫道：「我們必須懇請原諒，我們不能視這個主題為一個聖經的問題，因此不能在《評閱宣報》雜誌上討論其優缺點，或表示出對此問題的興趣。……我們計劃在鬍鬚的問題上保持中立，如今，則是保持沉默。」（RH，1857年6月25日）

想說服那些在任何邊緣神學部分有負擔的人，是不可能的。有一個聖徒後來爭辯說，懷雅各在鬍鬚的主題上幾乎沒有沉默過。在復臨信徒中，他那惹人注目的濃密鬍鬚，顯然就是在表明他反對剃鬍鬚的證明。這種扭曲的理由，是那些建立邊緣神學之人的一大特點，他們透過選擇一個或另一個主題上片段的引證，並利用他們自己「無懈可擊的邏輯」方式，來得到他們的收穫。

正如所預期的那樣，懷愛倫剃鬍鬚的主題上與她的丈夫觀點一致。懷威廉寫道：「當弟兄們來到她跟前，表達了他們在（剃鬍鬚）這一主題上的沉重負擔之後，她說，對他們而言，把時間和腦力花在那些更為重要的問題上會更好。」（懷威廉致赫斯特的信，W. C. White to M. Hirst，1907年2月24日）

對於那些在次要問題上鑽研的人們，懷愛倫反覆指導他們，必須回到聖經的中心主旨上，尤其是救贖的計劃和上帝百姓的使命。甚至是在教義性的領域中，也是如此做的。有一個例子，是對但以理書8章中「常獻」一詞的解釋，這個問題造成了教會領袖

們之間，十多年的裂痕。即使有些煽動者引用她作品的摘錄，來支援他們的立場，她仍堅決地說他們是行在歧途之上。她寫道：**「當我們的弟兄們被較不重要的主題轉移了心思，離開那些應該成為我們負擔的重要問題時，我們的仇敵就很高興。**我懇請我的弟兄們不要覺得，這不是一道試探題，而容許仇敵得勝。」（1SM 164, 165）

在1880年代和1890年代，對加拉太書中律法的定義和解釋所引起的鬥爭，曾經造成教會的分裂，懷愛倫對此事有相似的敘述，儘管某些教會領袖用她的著作突顯這個問題，但對她而言，這並不是一個重要的核心問題。在現代復臨信仰上，在許多最涇渭分明的神學論爭中，有一個是關於基督的人性（仍然是主要透過求助於她的著作來支持），她對此也採取了同樣的立場。她對該主題做了最詳盡的論述，在結尾處她不僅警告人試圖探究這個題目的危險性，也給了建議，「有許多針對這個題目所發出的問題，對信念的完善是毫無必要的。」（Lt 8，1895年）

在她的心裡，有許多的事物都清楚地顯示是信心和救贖計劃的核心。她堅持不懈地向她的讀者們指出這些事物，又反覆勸告他們要看重哪些重要的東西。

因此，她可能在給教會進行指點的時候，對諸如聖餐的毛巾、剃鬍鬚、或加拉太書中的律法之類的問題，做了評論，但這些問題卻不是她的焦點所在。同樣地，當耶穌對祂的聽眾們說：

「就是你們的頭髮，也都被數過了」（馬太福音10：30）的時候，祂所關注的不是剃鬍鬚、剪頭髮是否合適或有沒有罪，而是上帝的愛及在祂眼中每一個人的無限價值。**耶穌堅持不懈地強調什麼才是生命中的重要問題，並且祂在當時就試圖帶領猶太人，聚焦於信仰中真正重要的事上。**若看懷愛倫著作的上下文，她所做的也是如此。

強調懷愛倫著作中真正重要的部分是必需的，在我們結束這個主題之前，還需要來探討一個問題。是否懷愛倫所寫的每一句話都出自於聖靈的感動。有人可能會問，如果有一些「非聖靈啟示」的念頭或事實，寫進了她的著作裡，會怎麼樣？這個問題有更大的重要性，因為懷愛倫宣稱，除了在她的書籍，和文章的寫作及編製過程中有上帝的帶領外，她的信函和訪談中也有上帝的帶領（見3SM 50, 51）。

這個問題的標準答案是：懷愛倫既說過和寫過宗教性質的主題，也說過和寫過一般性質的主題。她不但寫過「一般的日常生活為主題」的家信（見Lt 201, 202，1903年），也與其他人一起討論她工作中的一般主題。

例如：1909年，她回憶起一段與天堂谷療養院（Paradise Valley Sanitarium）前經理柏倫格（E. S. Ballenger）的經歷，是關於療養院的房間數。柏倫格已經對她失去了信心，他宣稱，因為她說療養院的房間數有40間房間，但其實只有38間。但懷師母談到柏倫格的例子

時，她對宗教性的主題和一般性的主題做了區別。

她寫道：「關於天堂谷療養院房間數的信息，並不是一個從主而來的啟示，而僅僅是我個人的觀點。從來沒有任何有關我們療養院房間的精確數字啟示給我；我所了解的這些信息，都是從那些被認為應該了解情況的人所打聽而來的。」

「有時候我們會說明一些平常的事務，平常腦海裡也會有一些對事務的一般想法，和寫出平常的信件，並將這些消息傳給同工們知道。這樣的文字，這樣的消息，並不是在上帝的靈特別感動之下而寫的。有時是因為有一些完全與宗教信仰無關的問題被提出來，卻必須做出回答。例如：我們談論房屋和土地，做成交易，以及我們療養院的位置，有利條件和不利條件等等。」

「我收到信件，在許多陌生的主題上要求得到建議，我只能按照已經賜給我的亮光，來提出建議。」（1SM 38, 39）

關於「懷愛倫所寫的每句話是否都來自聖靈的啟示」這一問題，宗教主題與一般主題之間的區別，已經是一個傳統的立場了。有人提出，這種立場表示，在宗教性的主題或涉及宗教的主題上，懷愛倫從來沒有任何私下或個人與他人的思想交流。這個暗示引發了一個重要的問題，是關於懷愛倫和聖經的眾先知。是不是他們在接受天上的啟示時，會完全被上帝控制，失去了他們宗教信仰的個人特性呢？

這個問題使人想起先知拿單的例子。在他告訴大衛，大衛就

是那建造聖殿的人之後，主接下來的信息卻指示他，不是大衛，而是大衛的兒子要完成聖殿的建築工作（撒母耳記下7章；歷代志上17：1－15）。

這是一個明顯的例子，其中的先知在一個非常重要且涉及宗教的主題上，有自己的宗教性立場，事實證明那只不過是他個人的看法而已。有了這樣的認知，我們就要問問自己，在寫給家族成員或朋友的個人信函中，懷師母是不是不可能在宗教性的主題上帶著她個人的觀點？這些信函按照主題彙編的方式被整理在一起，要是這種觀點最終出現在一本書中又如何呢？

這樣的情況豈不是很有問題，甚至是誤導人的嗎？也許是，也許不是。這就要看一個人是如何解讀懷愛倫的。**在閱讀聖靈啟示的題材時，需要著重在那真正重要的部分，而非著重在上帝眾發言人就邊緣思想所做的陳述，一定要聚焦在中心主旨上。**這也是我在前兩章中用了這麼多篇幅所強調的原因。

任何人若有規律地閱讀懷愛倫的著作，很快就會發現，她在不同的上下文中會一再地討論許多主題。因此，她在一系列觀點中反覆論述的，才是她的著作所真正關注的。那貫穿在她著作中不斷重複的內容，所要表達的就是她信息的負擔，而不是那些看來是處於她思想邊緣且模糊不清的評述。如果一個人讀取的是她信息的核心，而不是在邊緣打轉，那麼在宗教主題和普通主題之間進行區別的問題，就會失去其效力。這樣的讀者，會過度關注

於宗教主題和普通主題相交的灰色地帶。

　　總結來說，我想指出，對宗教主題和一般主題的傳統區分是有用的。但是，對我而言，**第一個原則，使我們了解聚焦於懷愛倫寫作事工中，處於核心位置和再三重複的主題，則更為重要，此部分超越了傳統的區分。**第二個原則，使我們不致過度強調她著作中那些不重要的部分，並可幫助我們聚焦於她寫給教會之信息的本質。

第 9 章

在溝通中解決問題

閱讀懷愛倫的著作時，

始終需要考慮到她在溝通問題上所面對的困難。

除了個性的差異所造成的困難，

和用詞不精確的問題之外，

還有因經驗的差別，

而造成對同一個詞詮釋不同的問題。

溝通的過程，並不像我們一開始想像的那樣簡單。讓我講一件親身經歷的事。

我曾經在小學任教好幾年。我熱愛我的工作，可是孩子畢竟是孩子，他們仍會吵鬧，有時無法控制。在初執教鞭時，我就注意到了某些模式。課堂上學生的情緒會漸漸變得愈來愈「活潑」，於是我發號施令，事態暫時得到平息，之後，問題會再次逐步形成，直到必須解決的地步。最後，我不得不嚴格地再次發號施令。有時候我甚至得處理整個班級。在處理這件「大事」的前一天晚上，我會計劃究竟要如何傳達我的挫敗和期望。

在這樣的情形中，我所面對的問題是學生敏感度的變化。每一間教室裡都有極端敏感的孩子。我對他們所要做的，就是用眼睛巡視他們，他們即會失去鎮定。另一個極端是那些感覺遲鈍的孩子。他們屬於那種「棒打不醒」的族類。

　　班上的情況很糟糕，必須採取措施。整個班級需要「我的訓誡」。顯而易見的是，如果我為了保護那些敏感的孩子而心平氣和、柔聲細語地講話，則對那些需要採取更有力措施的孩子就會毫無作用。唯一的解決方法是讓我的話有足夠的力量，令那些最冥頑不靈的孩子也能聽得進去。結果呢？那些脆弱的孩子會被我對他們的譴責給壓垮了，問題卻依舊沒有得到解決。所以我斷定，溝通比我想的更困難。

　　上帝在面對祂的人類孩子們時所遇到的就是這個問題。他們都歸屬在從過度敏感者到福音硬心者的範圍內。你有沒有想過祂溝通的能力，是如何透過先知們發揮影響的？

　　當懷雅各看到自己的妻子，奮力帶領早期的復臨信徒們走在改革的道路上時，這個主題當然也是他所思考的最重要的問題。1868年，他寫道：「為了真理和改革，懷師母需要所有能助一臂之力的人幫助她。人們一般都動得很慢，幾乎是不動。而當其他人都走得太快時，卻只有少數人會謹慎行動並且做得不錯。……那些看見改革的責任，在任何事上都充滿嚴厲，不允許例外，又迫不及待做事的人，肯定要把改革帶入低谷，既傷害自己的心靈，又損害其他的人。這樣做不是在幫助懷師母，而是使她在艱鉅的工作上倍感壓力。……**她要面對這樣的不利情形，也就是：她向那些很少有深切感受，且採取強硬立場，進入極端思想的人，產生了強大的感染力。為了從這些極端所造成的毀壞**

中，挽救改革的進展，她不得不以公開的方式說出對極端主義者的譴責。這樣做總比讓事業破產好；但極端和譴責對改革進展的影響，都是很糟糕的，而且帶給懷師母三倍的負擔。此處的困難是：**為了要催促那些拖拖拉拉的人，她可能要藉助過度的催促來提醒他們。為了要警告那些敏捷、熱心、卻不謹慎的人，她可能要藉助遲延的作法，來使兩者合一。**」（RH，1868年3月17日）

　　有一個相關的例子，能闡明懷雅各在1868年的文章中所講的難處，懷愛倫在1895年3月21日所寫題為「速速預備工作」的勉言（見FE 334-367）。這篇詳盡有力的文章所針對的，是巴特溪大學（Battle Creek College，又譯戰溪大學）在重點和看法上顯而易見的錯誤。因為她所反對的是一些根深蒂固的錯誤觀點，又想引起大家的注意，所以文章中有一些很強烈的敘述。她認為有一些老師試圖把學生們長時間滯留在學校裡，教導他們某些更加深奧卻非必要的東西。她這樣表達了自己的觀點：「若非我們還有一千年可以活，否則這種深奧的知識就是不必要的。」（同上，334）

　　然而，她的讀者當中有一些熱心於改革的人，卻把她的話語當作採取另一種極端立場的號令。結果，為了將這些改革者重新拉回到改革的中心點上，她在3月22日又寫了兩份平衡性的證言（同上，368-380）。她寫道：「改革運動不應該降低我們在巴特溪學校的教育標準。學生們的腦力應該得到鍛鍊，每一個學科都應該朝著最大的可能性發展。」

「我盼望我所說的話不要給人留下這樣的印象，就是降低任何學校的標準。在我們的學校裡要有最勤勉，最全面的教育。」（同上，373）

懷愛倫真正要告訴學校當局和全體教員的，乃是他們需要直接面對那些構成高質量的基督教教育之基本原理。但是，那些極端分子卻依然盡可能地搜集那些最有說服力的摘錄，同時，另一些人則想要維持現狀，他們無疑把注意力集中在她為了糾正那些有狂熱傾向之人而發出的保守敘述上。由於人類在溝通上的弱點，雙方都誤解懷愛倫的意圖。

懷愛倫使用極端語言的另一個例子，與巴特溪療養院的主任約翰·哈維·克洛格（John Harvey Kellogg）醫生有關。在1901年，她向一個教會領導小組指出，她已經為克洛格的靈性狀況，擔憂了好一陣了。她說：「我已經寫給克洛格醫生（如果他在的話）一些坦率直接的話，，也許我寫得太強硬了；因為我感覺就好像我必須要盡一切所能來抓住他一樣。」（MS 23a，1901年）

在我們讀懷愛倫的著作時，始終需要考慮到她在溝通問題上所面對的困難。除了個性的差異所造成的困難之外，和用詞不精確的問題，還有，因經驗的差別，而造成對同一個詞解釋不同的問題。

懷師母就聖經的閱讀這樣寫道：「人的意識有很大的不同，不同的教育和思想，使人的意識對同一個詞有不同的印象。人要

透過語言，向一個有著不同性情、教育、及思想習慣的人，精確傳達與其原本的認知截然不同的觀念是很難的……」

「聖經的作者們，必須以人的語言，來表達他們的觀念……」

「我們看到的聖經，並非用崇高且超乎人類的語言所寫成的。……**聖經必須用人的語言寫下。所有出於人類的都是不完美的。有時同一個詞所表達的意思，卻是不同的，也不是每一個獨特的觀念，都有一個對應的詞。**聖經是為了實用的目的而寫的。」

「印記在每個人頭腦中的經驗都不一樣，對理解、表達，以及陳述事情的方式，也都不一樣。有人只是為了迎合自己的心思和個人情況，來理解聖經的陳述。先入為主，偏見，及個人愛好，都具有強大的影響力，使理解力晦暗不清，心思混亂迷糊，甚至閱讀聖經，也會如此。」（ISM19, 20）

懷愛倫所說關於聖經詞語和含義的問題，同樣也適用於她自己的著作。在一個不完全的世界，溝通永遠不是一件容易的事，這對上帝的先知們也一樣。另一方面，我們並非要有完美的知識才能得救。正如懷愛倫反覆談到的，聖經（以及她的著作）是為了「實用的目的」而賜下的。不管人類的語言有多少缺點，在傳達救贖計劃的本質，及基督徒對那些真誠渴望了解上帝真理的人所負的責任上，都是足可勝任的（同上）。

因思維模式、性格類型，及個人背景的不同而引起的溝通問題，甚至成了新約聖經中描寫基督生平的福音書不止一本的理由。以下這段話，可以幫助我們領會，上帝在這個罪惡的星球上與智慧生命交流時所面對的挑戰。

懷愛倫寫道：「為什麼我們需要一位馬太，一位馬可，一位路加，一位約翰，一位保羅，並所有為救主的生平與事工作見證的作者呢？為什麼門徒當中不能有一個記錄記下全部的內容，從而使我們有一份基督在地上之生活的連續記載呢？為什麼一位作者所指出的重點，另一位卻沒有提及呢？如果這些重點是絕對必要的，為什麼不是所有的作者都提到呢？這是因為人的心思不同，並非所有的人都以完全相同的方式來領會事情。」（CT 432）

我們在讀懷愛倫的著作時，要把我們在本章中所分析過，有關溝通的基本問題記在心中。至少，這些事實應該在我們閱讀時使我們更加謹慎，這樣我們就不會過分強調那些在我們學習上帝賜給教會的勉言時，引起我們注意的特別觀點。我們需要確信，我們已經廣泛閱讀了懷愛倫在一個主題上所做的敘述，並且在那些較為緩和或平衡的論述中，來學習那些看似極端的論述。當然，這樣的學習應該結合歷史的背景和上下文的背景來進行。與此相關的四個面向，我們將在接下來的第10章到第13章中論述。

學習所有與主題相關的可用資料

閱讀懷愛倫著作有兩種方式。

第一種是收集所有在主題上有關懷愛倫的材料。

另一種是只從懷師母的著作中,

挑選一些句子、段落,

來支持某個需要特別強調的觀點。

　　我們現在要來看一個與健全地閱讀懷愛倫著作有關，且最為
重要的題目。大家都很熟悉的這則寓言故事，可以用來說
明我的觀點：

　　有六個很好學的古印度人，

　　儘管都是瞎子，卻都去看一隻大象，

　　都想從自己的觀察中滿足自己求知的慾望。

　　第一位瞎子走近大象，

　　腳下一滑，跌靠在大象寬闊堅實的軀幹側面，

　　他立即大叫：「哇，我的天哪！大象真像是一通牆啊！」

　　第二位瞎子則用手摸長長的象牙，

　　他大聲驚呼：「呵！我手裡的這個東西是圓形的，既光滑又

　　尖銳。我可以肯定地說，這頭神奇的大象就像一根長矛！」

　　第三位瞎子來到大象跟前，

把大象扭動的長鼻子拿在手中，

他大膽地說：「我明白了，大象就像一條蛇！」

第四位瞎子伸出了他那熱切求知的手，

摸到了大象的膝蓋，

他說：「這隻奇妙的動物像什麼呢？毫無疑問，大象就像一棵樹！」

第五位瞎子偶然碰到了大象的耳朵，

就說：「嗯，你們這些瞎眼的人，告訴我這像什麼！誰能否認這令人驚奇的大象就像一把扇子呢？」

第六個瞎子抓住了大象搖擺的尾巴，

他大聲說：「我知道了，大象就像一根繩子！」

於是，這些古印度人各執一詞，莫衷一是，固持己見地展開了長時間的激昂爭論。

儘管他們每一位所說的，都有「部分正確」之處，但他們的結論卻都是錯誤的。

這個寓言故事闡明了一個難題，就是當閱讀懷愛倫那些大量的著作時，很容易陷入一種危險當中，就是沒有全面分析她在某一主題上所寫的可用資料。懷亞瑟也特別指出這個問題，他寫道：「許多人在解釋證言信息的時候都犯了錯誤，他們把一些敘述孤立起來，或從其上下文中抽取出來，作為信仰的基礎。如果他們能仔細地思考其他段落，就會發現那些從孤立的敘述中所得

到的立場，是站不住腳的。」

「要在聖經或懷愛倫的著作中，找出一些獨特的句子或段落來支持自己的想法，並不困難，但這並不是表達作者的思想。」

（《懷愛倫：餘民的信徒》 *Ellen G. White: Messenger to the Remnant*，第88頁）

這段摘錄使我想起了，自己年輕時在舊金山海灣地區作牧師的一段經歷。我與一個真誠熱心的復臨信徒小組建立了友誼，他們希望全心全意地來跟從聖經和懷愛倫的著作。懷師母怎麼說，他們就怎麼做。一旦他們得到了某方面的信息，就會不加討論地來忠心實踐他們聽到的所謂「直截了當的證言」。

我仍然記得，第一次到這些朋友們所組織的小教會聚會的情形。他們**每逢**禱告必要跪下，這讓我始料未及。會眾一起唱完一首詩歌，然後跪下禱告：聽了特別音樂收取了**奉獻**之後，又跪下做奉獻的禱告：再唱一首詩歌，又為牧養的信息跪下禱告；演講者在講道前又和大家一起跪下，做開始講道的禱告；講道之後，唱了結束的詩歌，又跪下做祝福的禱告。

作為那天的演講嘉賓，我隨著會眾和教會的領袖們在整個聚會中反覆地跪下起立，跪下起立。散會後，我帶著心中的困惑，詢問了這個小組的創建者（一個有懷愛倫著作專家之稱的人）有關每逢禱告必跪下的原因。

我的朋友打開了《信息選粹》第二卷311－316頁，來回應我的問題，「我收到了一些信件，詢問一個人向宇宙的大君王獻上

禱告時所應有的合適態度。我們的弟兄，在何處得到向上帝禱告的時候應該站著的觀念呢？」（2SM 311）他向我指出，懷愛倫接著又說，跪下來禱告「始終是合適的姿勢」（同上）。「無論是公開的敬拜，還是私下的敬拜，當我們向上帝獻上我們的請求時，在祂面前跪下來乃是我們的本分。這個行動表示我們對上帝的依靠。」（同上，312）

我向我的朋友保證，我相信在禱告中應該有崇敬的心，也應該屈膝。但我也告訴他，他對懷愛倫這段話的解釋，在我看來似乎有些牽強，也與她著作的整體意思不一致。

但他只是淡淡地表示他不這麼想，因為如果懷師母說了「**始終**」這個詞，那對他來說就已經足夠了，他們會**始終**跪下來禱告，沒有必要再多說什麼，或者再讀更多有關這個主題的信息了。畢竟，當人在某個主題上有了「真理」時，剩下的就只是去實踐它了。他就是這樣做的！我甚至還記得，在他的家中，吃飯之前，都會跪下來獻上感恩的禱告。

儘管我絕對確信，我的朋友在具體實踐懷愛倫的教導時，只是出了那麼一點點「問題」，但我絲毫不認為他已經有了關於這個主題的「真理」。**有一大把的摘錄和得到真理是兩回事。**

也許有人會想，**你如何能確定自己所持的觀點是對的？**其實，關於這一點並不複雜。我只要繼續閱讀有關「正確的禱告姿勢」的主題即可。在這個例子中，我不需要讀很多其他信息。在

《信息選粹》第二卷中,「禱告的態度」這一部分的最後一頁,就是我的朋友所引用的那一頁,我看到,「**並不是每次禱告都必須跪下來**。當你一個人的時候,或當你走路的時候,或當你忙碌於日常工作的時候,都要培養與救主交談的習慣。」(同上,316)

這是懷愛倫著作託管委員會(《信息選粹》的編輯們)刻意放在「看重禱告」這一部分結尾的三段摘錄之一,目的是為了使人不至於陷入片面之中,因為就是已經抓住我朋友的那一部分,可能導致盲目狂熱的片面。

當我指出那些關於跪下禱告很平衡的敘述,並問他為什麼在讀懷愛倫著作的時候只強調她說「**始終**」,而忽略她也說「不是每次」時,他趕緊爭辯說:「『不是每次』的那些敘述,是針對一般大眾說的,並不是針對上帝在末時特別的選民說的。」

我自忖,以我這位朋友的方式來「獲得真理」,真是一件很糟糕的事。一旦你採取同樣的方式,很容易就會忘記懷愛倫(或聖經)在某主題上所講的另一個方面敘述,並繼續在自己狹窄的路上推進。

我的朋友絕對相信上帝在末時的忠心餘民,應帶領禱告恢復原有的樣式。此刻他就是代表上帝來引導百姓,回歸**始終**要跪下禱告的真理。

雖然我同意他,表示在許多教會中需要有更多對上帝的敬畏,但是我不能接受看似片面的結論。我該怎麼辦?答案很簡

單。在我面前有兩個任務。首先要繼續閱讀與主題相關的內容。其次要寫信給總會的懷愛倫著作託管委員會，看他們是不是有更多關於這個主題的資料。這兩種策略都有益提升我的理解力。還有，我得趕緊補充一句，就任何對懷愛倫和她的著作有疑問的人而言，這兩種策略都是可行的。不要害怕向懷愛倫著作託管委員會提出你的疑問。他們能夠對於懷愛倫在某一主題上的整體立場，提供你一些極好的資料，也會告訴你從哪裡開始閱讀，能使你的理解豐富起來。

　　不久以後，我就對上帝百姓的禱告姿勢有了更完全的印象。我發現聖經所贊成的禱告，不僅是跪下的禱告（比如馬可福音11章25節；出埃及記34章8節），我還發現懷愛倫曾向一個朋友吐露，她有時候「躺在床上數小時」禱告（Lt 258，1903年）。這實在和「無論是公開的敬拜，還是私下的敬拜」，「始終」要跪下禱告的說法大相逕庭。

　　除了這點之外，我後來還偶然看到一封信，是一個與懷愛倫共事很長一段時間的人所寫的。他說：「我曾多次出席帳棚大會和總會會議，懷姊妹自己在會中與站著的會眾們一起獻上禱告，她自己也是站著的。」（羅賓森致德里士的信，D. E. Robinson to W. E. Daylish，1934年3月4日）。

　　在懷師母已出版的著作裡，也有提到一些站著的禱告。例如：在1909年的總會會議上，懷愛倫發言之後，請會眾都站起來

獻上結束會議的禱告。當眾人站立的時候，她就帶領大家向「耶和華以色列的神」獻上了禱告（1SM 152）。在《信息選粹》第三卷266至270頁，你還會發現其他諸如此類的情況。

我們閱讀懷愛倫在某一主題上全方位的認知時，所得到的印象通常與我們只讀一部分材料，或一些獨立的摘錄時，所得到的有很大的不同。在閱讀了所有與主題相關的材料之後，我就能很容易地找到合適的禱告姿勢，所以，我下結論說，我的這位朋友所鼓吹的是一個極端的立場，缺少懷愛倫在這個主題上完全的勸勉所帶來的平衡。

回顧以往，在分析了所有可以找到的關於跪下禱告問題的勸勉之後，我開始相信，懷愛倫所涉及的是一個缺乏敬畏之心的復臨信徒教會，具體表現是會眾在一天的主要禱告中沒有跪下來禱告。這種禱告，如果可能的話，「始終」應該採取跪下的姿勢。但在她的著作中我們找不到她提倡在祝福、頌禱文，餐前感恩等等情形中必須跪下禱告的內容。她通常的教導是說，「並不是每一次」禱告都必須跪下。這不只表現在她的教導中，她也是這樣實踐的。

懷愛倫在她漫長的事奉中，很多次都不得不應付那些對她的勉言斷章取義的人。她在1891年的總會會議上對代表們說：「當證言能達到你們的目的時，你們似乎就相信了，並從中摘錄一些話，來加強任何你們希望能佔上風的敘述。但是，當所賜下

的亮光是為了糾正你們的錯誤時，又如何呢？你們還會接受這亮
光嗎？當證言所說的與你們的觀念相反時，你們則輕描淡寫地帶
過。」（1SM 43）因此，聽從所有的勉言是非常重要的。

　　順著這個思路，我們發現兩種閱讀懷愛倫著作的方式。一種
是收集所有在主題上有關懷愛倫的材料。另一種是只從懷師母的
著作中挑選一些句子、段落、或更多的材料，來支持某個需要特
別強調的觀點。然而，唯一可靠的方式則是第一種。要忠於懷愛
倫的原意，一個重要的步驟，就是廣泛地閱讀所能找到與主題相
關的勉言。

　　我們的結論不但要建立在她對某一主題的整體思想上，也要
與她著作中主體部分的大意相和諧。不僅是偏見能導致錯誤的結
論，那些不可靠的前提，有缺陷的推理，或濫用她材料的其他做
法，也會造成相同的結果。

【第 **11** 章】

避免極端的解釋

我們所選用的詞語，

要與可靠的真理相互一致，

向人所說的話盡可能不帶情緒，

同時仍保持應有的適當強度與嚴肅性。

我們必須謹防製造極端，

謹防慫恿那些偏左或偏右的人。

司提反・哈斯科爾（Stephen N. Haskell）是十九世紀最後25年裡，基督復臨安息日會的卓越傳道人，在結束了澳洲的任期後回到美國時，他獲知不少「新生代的主要傳道人中，有些人所傳講的古怪教義」。正如所料，他們從《教會證言》和聖經中摘錄一些話來證實自己的觀點，以致於「沒有紮根在（復臨信徒）信息原則上的人，都要從他們當中被摒除出去。」

據哈斯科爾報告，「我聽說了一些最為奇怪的教義，諸如：上帝的印不可能蓋在那些灰色頭髮的人，或是那些畸形的人身上，因為在最後的工作中，我們的身體和靈性都將達到完美的狀態，我們身體上所有的殘缺都會被醫治，並成為不朽的……等等。」有些人還指望在今生就能換上一副新牙齒，甚至「有一個女人說，若她回家時頭髮都完全修復了，那她的朋友們會是何等的折服，且堅信那日就快來臨了。」（哈斯科爾致懷愛倫的信，1899年10月3日）七週之後，哈

斯科爾又不得不處理一個極端主義者，基於十條誡命的教導，說殺死毒蛇或害蟲是錯誤的。（同上，1899年11月23日）

在基督教會的歷史中，總有一些人把他們極端的解釋加諸在上帝的勸勉上，並把他們的盲目狂熱定義為「忠告」。很不幸的，在基督教宗譜上，復臨信徒這一分支中也有這樣的人。極端主義的傾向，似乎是形成墮落人性的其中一個要素。上帝則試圖藉著祂的眾先知來糾正這種傾向。

本章的重要主題之一，乃是：儘管懷愛倫著作的本質特徵是平衡，卻無法使那些閱讀的人始終表現出這樣的特徵。懷愛倫給一個醫生的勸勉，是一個很好的例子。此人在讀懷愛倫的著作之後即採取了「極端的健康改良觀點」，懷愛倫寫給卡瑞思（D.H. Kress）醫生說：**「如果採取極端的作法，會使健康改良變成健康不良，使健康改良者變成健康摧毀者。」**（CD 202）

懷愛倫也提出了同樣的問題。「撒但在引誘一些人變得過分緩慢的同時，也始終在引誘另一些人變得過分激進。由於那些極端主義者的作法，懷師母的工作變得很艱難，有時候變得很複雜。他們認為唯一的安全之策，乃是用極端的觀點來看待她寫的所有內容，或是她所表示可能有分歧的要點。」

「這些人常常堅持他們對某一敘述的解釋，把問題推到不顧一切的地步，完全漠視她對走極端之危險性的提醒。**我們建議這些人，不要總是緊盯著她為了促動拖拖拉拉的人所用的強烈措**

辭，而是要花時間去了解，她為了極端主義者的利益所發出的警告。他們若如此行，就會更為安全，也會給她讓出道路，她便可以自由地對那些需要敦促才能盡責的人說話了。如今，他們站在她和人群之間，破壞她證言的效力，成了分門別類和拉幫結派的起因。」（RH，1868年5月17日）

懷愛倫在她一生的事工中，始終都不得不去應付那些極端主義者。她在1894年指出，「有一種人，總是準備好要偏離話題，渴望抓住一些奇怪的、驚人的，以及不同以往的東西；但是上帝卻要讓一切都平穩周到地進行，此時**我們所選用的詞語，要與可靠的真理相互一致，向人所說的話盡可能不帶情緒，同時仍保持應有的適當強度與嚴肅性。我們必須謹防製造極端，謹防慫恿那些偏左或偏右的人。**」（TM 227, 228）

大約在四十年之前，懷愛倫就已經寫下她「看見許多人利用了上帝為某些人的罪和錯所做的顯示。他們對異象中所顯示的內容採取極端的解釋，且不斷強化，並形成一種趨勢，使許多不了解上帝作為的人之信心，因而減弱。」（1T 166）

可悲的是，在某些領域裡，一些力促極端敘述的人，例如：在健康改良的領域中，對於何謂主要的，及何謂有害的問題上，極力主張的見解，如果他們正確，那懷愛倫就必定成了一個假先知，因他們極端的解釋不但使她高過聖經，更與聖經矛盾。例如，儘管保羅說：「因為上帝的國，不在乎吃喝，只在乎公義、

和平，並聖靈中的喜樂」（羅馬書14：17），但仍有一些懷愛倫的解釋者，把她所教導的某方面推到了中心位置上。

　　懷師母自己卻與保羅相當和諧。在她的時代，因她曾經說過，健康改良與上帝給世人的末世信息聯繫最為緊密，「如同人的身體與手臂的關係一樣」（1T 486），所以當有人試圖把健康改良置於中心位置時，她就警告他們說：「健康改良緊密地與（啟示錄14章中）第三位天使的工作聯繫在一起，然而，它並非信息本身。我們的傳道人應該教導健康改良，但他們卻不應該把健康改良作為信息的主要題目。」她還告訴她的讀者，健康改良在最後的事件中所扮演的是一個重要的「預備性」角色（1T 559）。此觀念在她的另一處評論中，得到了非常好的展現。「慈悲之光的最後一道光線，賜給世人最後的憐憫信息，乃是將上帝愛的品格啟示出來。上帝的兒女要表明祂的榮耀。在他們自己的生活和品格中，顯示出上帝的恩典為他們成就了什麼。」（COL 415, 416）

　　當我們出現胃酸、頭痛，及其他狀況時，我們就不算是別人或是上帝的合格愛人，從這個意義上來說，健康改良在最後的工作中乃是「預備性」的。上帝渴望在祂的兒女中間，證明那改變人的恩典，的確能把一個自私的人變成有愛心和關懷他人的人。健康改良只是達到這個目的的手段，並不是目的本身。如果把健康改良或諸如此類的主題，置於屬靈生活的中心位置，那麼，我們不僅會錯失這些主題的目的，也無法理解這些主題是如何與上

帝藉懷愛倫所傳的信息相結合。

我們讀懷愛倫著作時的部分任務是要避免極端的解釋，並要在適當的平衡中理解其中的信息，這又表示我們需要閱讀某一主題的全部勉言。

她談論到玩遊戲的那些強烈詞語，就是一個合適的例子。她寫道，巴特溪大學的學生們「投入到娛樂消遣中，比賽的遊戲，拳擊表演，乃是向世人宣告在這些事上，基督不是他們的領袖。這些活動所招來的是上帝的警告。」諸如此類的強力敘述，使許多人得出結論，即上帝不贊成所有的遊戲以及球類運動。但在此處，就如同面對所有的極端解釋一樣，閱讀的人要十分謹慎。畢竟，接下來的句子就說：「此刻，我所擔心的，倒是走進另一個相反極端的危險了。」（FE 378）

正如後面的敘述所要證明的，懷愛倫對於球類運動和遊戲的問題都不抱極端態度。論到家長和老師，她寫道：「如果他們能接近孩子，向孩子們表示他們的愛，並對孩子們所做的任何努力都表現出興趣，甚至對他們的運動也是如此，有時候在孩子們中間就像一個孩子，那麼，他們將會使孩子們非常開心，並得到孩子們的愛、贏得信任。」（同上，18）

我們在第10章已經談過很重要的一點，就是在下結論之前，要先閱讀懷愛倫在某一主題上的所有觀點。這表示要考慮到那些似乎是衝突的敘述，它們不但互相達到平衡作用，有時候甚至可

能是互相矛盾的。當然，就如我們將在後面兩章所看到的，通常懷愛倫的極端敘述，都有其歷史和文學語境的原因。當我們明白了她用某種方式說一些事情的原由時，就能看出那些似乎彼此矛盾的忠告，常常是怎樣相互抵消的。只有對這些認識到位了，我們才可以去分析手頭那些特別主題的潛在原則。我們會在第16章中再來，討論那些潛在原則的重要性。現在，讓我們來看第三個關於球類運動和遊戲的敘述。

懷愛倫寫道：「我不譴責簡單的球類運動，但就算是這種簡單的運動，也有可能玩過了頭。」（AH 499）在這個溫和的敘述中，她所提出的不是能不能玩球的問題，而是在球類遊戲的時間和安排的複雜性上，做得過分和犯錯的問題，這會導致人際關係的問題。她繼續表示，球類遊戲時常導致過度的花錢，自吹自擂，癡迷遊戲超過愛基督，以及對高位的熱情。另外，她還說，通常人們玩遊戲的方式並不會提升智力或品格，反而使人在學習上分心，並使參與者愛玩樂勝過愛上帝（同上，499, 500）。

當我們讀到這些既平衡又具調和作用的段落，而非那些僅僅加強我們個人偏見的極端敘述時，我們就會更靠近懷愛倫真實的觀點。以上清楚的表示，為了避免極端的解釋，我們不但需要廣泛地閱讀懷師母在某一主題上的論述，也需要處理那些在某一題目上分屬兩個極端，卻能互相抵消的敘述。

另一個關於吃雞蛋的例子，也能說明平衡閱讀勉言的必要

性。你可以回想第1章，懷愛倫寫道：「不應該把蛋端上你們的餐桌，因為蛋對你們的孩子是有害的。」（2T 400）這段話是她寫給某個家庭的，這家人的孩子們正在與性放縱爭戰。因此，這段勉言與他們特殊的處境有關。

然而，許多人卻把這段話當成一個絕對的禁令。結果，一位盡責的內科醫生，澳洲宣教士卡瑞思醫生，看完這段話後就再也不吃蛋，連同乳製品和許多其他的食物都完全隔絕了。貧乏可憐的飲食，最終導致了營養不良，嚴重地威脅到他的健康。

因此，1901年5月懷愛倫寫信給他，勸他應該「不要在健康改良上走極端。……要吃健康的家禽取蛋，煮熟或生吃均可，也可把新鮮的生蛋打進你能得到的最新鮮果汁中吃。這會供應你身體所需要的養料。不必猶疑不決，以為這樣行會有什麼不對。……我是說在你的餐食中，應當包括牛奶與雞蛋。……你對健康改良採取過激的看法，又使自己吃那不能支持體力的食物，你是有危險的。……蛋中含有抗毒作用的某些醫療質素。雖然現今已有警告發出，反對在家庭的飲食中採用這些東西，因為孩童們會吃上癮，甚而會養成手淫的惡習，但我們卻不應認此為當予克制的原因，而去戒用那有良好照顧及合宜餵養的母雞所生的蛋。」（Lt 37，1901年）

在這段勉言中，她指出的是一個特別的問題，要注意其中的背景因素，也要看到其中所提到的原則。比如：所吃的蛋最好是

「健康的雞，和那些得到良好飼養和照顧的雞」所生下的。關於上下文的研究以及原則的重要性，我們將在後面的篇章中論述。現在，我們還是再花點時間，來看看卡瑞思醫生吧！

第二個月，卡瑞思回信給懷愛倫。他寫道：「我知道在奶蛋問題上我所持的強硬觀點，使我步上極端的危險，我非常感激主糾正了我。……至於我目前的情況，我正小心地執行上帝藉著妳向我所傳達的一切指示。我既喝奶也吃蛋，良心也不再感到不安了。之前，我這樣吃喝的時候總會有受譴責的感覺，我真的相信我是有希望恢復健康的，否則主不會向我傳達這樣的信息。」（卡瑞思致懷愛倫的信，1901年6月28日）

43年之後，當卡瑞思反思他自己這段極端的經歷時說：「懷姊妹所說的一些有關食用動物性食品的問題，尤其是奶和蛋，不少純樸正直的人都採取了極端的立場。我的健康狀況每況愈下，差點死掉。……懷姊妹在異象中看見了我，並寫了幾封信給我，指出我健康狀況的原因，勸我改變飲食習慣。……收到信之後，我立即開始按照指示進行改良，既喝奶又吃蛋，在上帝的祝福下，我痊癒了。……這是四十多年前的事了。如今我已經快82歲，我的健康狀況允許我每天仍能在療養院的辦公室裡工作3個小時。從人的角度來看我的痊癒似乎是無望的，但這些信息卻正是在這種情況下臨到我，對此我非常感激。我到現在還遵循她所給我的指示，繼續喝奶吃蛋。」（卡瑞思未出版的手稿，1944年1月6日）

顯然，卡瑞思醫生在他生命最後的歲月裡，十分感激懷愛倫引導他，遠離了對她著作的極端解釋。

第 12 章

花時間深思熟慮

我們需要花些時間，
來考慮懷愛倫在各方面的勉言。
這些勉言所要處理的大多數情況，
都是為了特別的個人或群體，
在特別的歷史背景下所面對的問題。

那是我在一個城市裡擔任中學校長的第一天。那也是一個流行迷你裙的時代。我永遠也忘不了所接的第一通電話。在電話裡響起一個女士的聲音說：「賴特弟兄，我們真是感激不盡，我們終於有一位能執行標準的校長了！」

我馬上意識到她是覺得她女兒的裙子太短了。我的第一個反應是想問她，為什麼她女兒不能這樣穿。但主卻讓我在她喋喋不休，沒完沒了地訴說著短裙的事時，忍住而沒說出口。然而，在這種情況下，儘管我能設法控制自己的舌頭，卻無法控制我心思的活動。我聽到她對我說，在一些學院裡有規定，裙子的長度不得高於膝蓋以上兩英吋處（約5公分），心裡不禁升起一幅令人不快的畫面，我在校園裡每天都手拿一把尺，抓住這些女孩們來量她們的裙子和膝蓋。

這位家長繼續說著的同時，我的心思也在繼續徜徉。我想像

有一個身高5英呎11英吋（180公分）的女孩，裙子在膝蓋以上兩英吋處也是相當長的。還有一個身高4英呎9英吋（145公分）的胖學生，若以膝蓋以上兩英吋處的要求來看，其長度都快到她的腰和膝蓋中間的位置了。我又想起了懷愛倫在1860年提出的建議，女孩們應該把她們的裙子剪短8到9英吋。這個想法很有趣，在1960年末至1970年代初曾見過一些把裙子剪短8、9英吋的情況，裙子的底邊都高過腰帶了。

此時，你可能會納悶我到底想要表達什麼。我要表達的其實很簡單。**我們需要花些時間來考慮懷愛倫在各方面的勉言。她不是在象牙塔裡寫這些話的。這些勉言所處理的大多數情況，都是為了特別的個人或群體，在特別的歷史背景下所面對的問題。**

如今，顯而易見的，在一個迷你裙的時代引用懷愛倫把裙子剪短8、9英吋的話是相當不合時宜的。但有一點很重要，對於其他許多的敘述，是否應該完全應用在另一個時代的某個特別的人身上而言，答案卻不是那麼清楚。這就需要透過研究勉言最初的歷史背景來加以確定。後面幾章將有助於我們對這方面的了解。

同時，為什麼懷師母建議女孩們應該剪短她們的裙子？因為在她的時代，穿的都是及地長裙。在一個馬和馬車的時代，這樣的長裙會沾上很多骯髒的東西。懷愛倫和她同時代的改革者們，也反覆指出這種長裙的許多其他問題。正因如此，她才寫道：「及地長裙是浪費和有害的時髦設計之一。不清潔、不舒服、不

方便、不健康，這些以及更多其他的缺點，都是及地長裙的真實情況。」（MH 291）

但是，她那個時代的真實情況，通常與我們這個時代的不同。當然，人可以關心一些仍能反映十九世紀情況的傳統文化。在那樣的文化裡是不需要調整的。但是在我們今日的文化裡，勉言則必須做出調整。

我們前面讀到《健康之源》的摘錄，就反映出必須調整的部分。如果及地長裙的問題是不清潔、不舒服、不方便、和不健康，那就可以有把握地假設在這個例子中，正確著裝的一些原則是乾淨、舒適、便利以及健康。儘管剪短裙子的想法有其時代和處境的根源，但著裝的原則卻是普遍性的。更深入地閱讀聖經和懷愛倫的著作，可以使我們得到其他適用於我們這個時代的著裝原則。例如：端莊的服飾。

你可能很想知道我的學校是如何解決迷你裙問題的。我們當然不會不假思索地用懷愛倫的警告來剪短裙子。我也不會拿著尺到處巡視，測量裙邊與膝蓋的距離。相反的，我們先掌握聖經和懷愛倫在這個主題上的原則，然後運用到我們的時代和處境裡。我們把女孩子們召集起來，告訴她們，我們要求她們的裙子必須乾淨、整潔、端莊等等。

然而，本章的主題不是從懷愛倫的著作中提煉出諸般的原則。我們會在第16章來討論這個問題。

有必要考慮時代和處境的另一個有用的例子，是懷師母關於求愛行為的勉言。1897年，她針對澳洲艾蒙戴爾學校的學生們寫道：「我們不會，也不能，允許在學校的年輕男女之間有任何求愛的行動或任何形式的愛慕。」（Lt 193，1897年）同年，她還寫道：「我們（在艾蒙戴爾）」已經竭力杜絕諸如寵愛、愛慕、及求愛之類的事情發生在學校裡。我們已經告訴學生們，在他們的學業中不允許有任何諸如此類的情況出現。我們在這點原則上堅如磐石。」（Lt 145，1897年）

艾蒙戴爾在其學校公告中發表了這段聲明。毫無疑問，1903至1908年間擔任艾蒙戴爾學校的艾爾文校長（C.W. Irwin），在求愛這一問題上的立場的確是「堅如磐石」。之後，艾爾文在1913年出任美國加州太平洋聯合大學的校長，被要求閱讀即將出版的懷愛倫《給父母、教師與學生的勉言》的原稿。

當艾爾文看到他曾經堅決執行關於求愛的嚴厲聲明，竟然沒有包括在新書中時，頓時驚呆了。取而代之的是以下這段較為溫和的敘述：「我們處理所有的學生事務，必須考慮到年齡和特徵。我們不能對待年輕人像待老年人一樣。在某些情形下，可以將一些不能給予年幼學生的特權，授予有可靠經驗和良好名聲的男女。年齡、具體情況、及性情都必須加以考慮。我們所有的工作都必須是聰明而體貼的。但是，我們要禁止年輕人和不成熟的學生們那種無益和輕率的結交，在處理所有年齡階段的學生問題

時，必不能減少堅定和警惕，也不能放鬆嚴格的尺度。」（CT 101）

　　與懷愛倫之前在這個主題上的勉言相比，語氣的變化令艾爾文苦惱不已。他寫信給懷威廉說，這個教導「有點像是全新的」，並且他「不知該如何把這個敘述，與懷姊妹在其他場合所寫的內容做完美的協調統一。」（艾爾文致懷威廉的信，1913年2月12日）

　　艾爾文沒有考慮到，懷愛倫的勉言表面上看來是分歧的，實際上所針對的境況卻大不相同。1897年她給艾蒙戴爾學校的勉言，所針對的情形是近一半的學生都不滿16歲。但是1913年本會各大學中的多數學生年紀更大，更有閱歷，更成熟一些。懷愛倫給教會的**一般性勉言**，普遍上都會考慮到境況的改變。

　　在懷威廉給艾爾文的回信中，對懷愛倫勉言中有關時代和處境的重要性說法，頗具見地。她的兒子寫道：「在預備出版母親的著作時，我們所處理的最複雜的問題，正是這一類的寄信人所提出來的，向她介紹一個家庭、一個教會，或一個機構的情況，然後關於這些情況的警告和指示就會發出來。在這些情形中，母親對這些情況所做的回應清晰有力，並且知無不言，言無不盡，這對我們來說是很大的祝福，我們這樣的指示就可以幫助我們處理其他類似的情況了。但是，**如果我們把她所寫的東西拿來出版，卻不進行任何描述，或對證言寫於何時、何地、和何種情形，不做特別的旁注，那麼，這些指示有可能會被用在那些完全不同的地方和景況中。**」

「太多的困窘摻進了我們的工作，乃是因應用母親所寫關於飲食的題目，使用藥品的題目，及其他我沒有列舉出來，但你能想得到的題目所導致的；當一些個人、家庭或教會**需要能使他們步入正軌的指導時，由於他們所處的情形不同於之前著作中當時的情形，就會有例外的情況出現，或者因為考慮到不同的情形，就提出了不同的行事方向，可是這卻經常使那些覺得他們所學的，以為是通則性的應用教導的人，大感吃驚。**」（懷威廉致艾爾文的信，1913年2月18日）

在理解懷愛倫的著作時，時間和處境都是至關重要的因素，這樣的強調不會言過其實。懷愛倫的思路也是如此，她寫道：「對待證言，不應有任何忽視；不應有任何廢棄；**必須把時間和處境考慮進去。**不可不合時宜地做任何事情。有一些內容必須受到限制，因為有人會不適當地使用所賜的亮光。」（1SM 57）。不適當使用其著作的方式之一，就是忽視時間和處境的關聯，試圖把每一封信函都當作放諸四海皆準的勸勉。

在解釋聖經時時間和處境，也同樣重要。例如：大多數基督徒在進入教堂的時候，都不會脫鞋子，儘管上帝在摩西要見祂的時候，親自命令摩西這樣做（出埃及記3：5）。

在懷愛倫的著作中，這一類的勸勉，諸如：力勸學校要教導女孩子們「上馬具和馭馬」，這樣「她們就能更好地應對生活中的緊急情況」（Ed 216, 217）；在1894年警告年輕人和老年人要避免「自行車熱」的「迷人影響」（8T 51, 52）；1902年勸告一位行政

人員不要購買汽車，來接送火車站與療養院之間的病人，因為那是不必要的花費，也會使「其他人陷入做同樣事情的試探中」（Lt 158，1902年）；顯然這些例子都是受時間和處境限制的。其他的敘述可能也會受到時間和處境的限制，雖不是那麼明顯（尤其是在我們比較容易有強烈感受的領域裡），但我們始終需要睜大眼睛，敞開心胸，面對可能發生的事。

在懷愛倫的著作中，另一個有關時間和處境的問題，是許多勉言的歷史背景都相當個人化，因為她是在某個人特別的背景下寫給此人的。要記住！在每一段勉言背後都存在著一個特殊的情形，帶著自身的特性，或存在著一個人，帶著個人的可能性和問題。他們的情形也許與我們相同，也許與我們不同。因此，在這種情況下她的勉言也許適用於我們，也許不適用於我們。

有一個例子，可以說明這一點，那就是1930年代和1940年代重要的復臨信徒神學家安德森（M.L. Andreasen）的故事。他的經歷顯示出，先是情願讓自己鑽進健康改良的牛角尖裡，之後又因採納了一段不要過度飲食的敘述，而使自己的問題更加複雜化，他的實際情形如下：

「我在本世紀初經歷了健康改良的歲月。**我們認真且極端地執行健康改良**。我只吃格蘭諾拉燕麥捲（Granola，在燕麥捲中混有許多配料，一般都做為早餐食品）和水。……我既不喝牛奶，也不吃奶油和蛋類（持續好幾年時間）。我的大女兒第一次吃到奶油是她十歲那年。我

們都不吃肉，當然也不喝牛奶，不吃奶油和蛋類，也幾乎不吃鹽和糖。除了格蘭諾拉燕麥捲之外，我們很少吃別的東西。我鍾情於格蘭諾拉燕麥捲，從不接受飯局邀請，總是隨身帶著一個裝有格蘭諾拉燕麥捲的大袋子。我也出售格蘭諾拉燕麥捲，因那是健康改良的一部分。一天三餐我只攝取麥片和水。後來我聽到一天兩餐會更好，就改為一天吃兩次麥片。」

「然而，一段時間以後，我對只吃麥片感到厭煩了。我想知道在麥片裡面是不是適合加些葡萄乾，於是我帶著些許的戰兢和渴望把葡萄乾買了回來。我有了麥片和葡萄乾，但我受不了良心的折磨，不得不放棄葡萄乾。之後，我去買了一個鳳梨，一口氣吃光，結果我的嘴巴被弄得劇痛難當。我把這當成了吃鳳梨的懲罰，因此只能繼續吃我的麥片。那時，我讀到懷姊妹的著作中有一處說，整體來說人們都過度飲食，於是我就把這話應用到我一天兩頓的麥片餐當中。**那段敘述本身沒什麼問題，但它不是針對我的情形說的。**我減少了麥片的用量，自此之後我主要都靠麥片及一點簡單的蔬菜和花生過活，持續不只一天，一個月，或一年，而是有十年之久。」

「我們認真誠實地這樣吃著，並想著我們是在為健康改良作見證，不是在一種寬廣的應用上作見證，而僅僅是在今天某些人所使用的狹隘意義上作見證。關於健康改良原則的證言是正確的，現在也可以應用在與當時相似的情形中。**但願不要有人**

拋棄證言，因這些證言都是從上帝而來的。但願所有的人都謹慎小心，唯恐將懷愛倫的勉言，應用在與其原本情形不同的處境裡。」（安德森未出版的手稿，1948年11月30日）

顯而易見的，安德森是一個很認真的人，但同樣明顯的，是他曾錯誤地應用了懷愛倫過度飲食的敘述。隨著歲月的流逝，他慢慢理解了如何閱讀懷愛倫的著作。他不但放棄了極端的飲食，而且還認識到，在懷愛倫的許多敘述背後，那些特殊的個人境遇是不能應用到他自己或他的時代中的。他又看出，甚至連整個大背景都已經改變了。結果，當他開始意識到他過去視為不健康的加熱殺菌法和冷藏方式，正如同一些關於食物的文章所敘述的內容，已經和當時的情況有所不同時，他便放棄了在健康改良上許多極端的做法。他也逐漸明白了，時間和處境在理解懷愛倫勉言的過程中，是至關重要的（同上）。

很不幸的，教會並沒有大量地印刷有關懷愛倫作品的歷史背景資料。我在《復臨信仰中的神話：懷愛倫、教育，及相關問題的解釋性研究》這本書中已經做了一些關於背景介紹的工作。羅賓森（Dores. E. Robinson）在他的書《我們的健康信息故事》（*The Story of Our Health Message*，南方出版社，1955年）也在這方面做出了貢獻。保羅·戈登（Paul Gordon）在他暫訂《證言背景》（*Testimony Backgrounds*）的一書中，還做了另一些歷史方面的工作。在一個更概括的層面上，蓋瑞·蘭德（Gary Land）所寫的《懷愛倫的世界》（*The World of Ellen G.*

White，評閱宣報，1987年），以及奧托・貝特曼（Otto L. Bettmann）所著的《美好的往日─令人驚駭》（*The Good Old Days—They Were Terrible!* 蘭登書屋，1974年）都是很有用的。貝特曼的書尤其吸引人，因為它是以繪畫般的方式，來敘述懷愛倫那個時代的情形。

第 13 章

每一段敘述都要結合上下文來學習

許多誤解，都是由於誤用證言的片斷所產生的。

如果所讀的是整篇證言，

或是整個段落，

那麼所得到的理解，

會只與讀選摘的句子，

所得到的印象完全不同。

在第12章中，我們談到在原來的歷史背景下理解懷愛倫勉言的重要性。本章中，我們將探討在懷愛倫所敘述的文字框架中進行閱讀的重要性。

人們對懷愛倫教導的理解，常常是建立在從原來的上下文中所摘錄出來的片斷，或孤立的段落上的。因此，她寫道：「許多人學習聖經的目的，是為了證明他們自己的觀點是正確的。他們改變上帝話語的含意和上帝所賜的證言，來迎合他們自己的主張。他們只摘錄半句話，留下另外半句，如果這半句也摘錄的話，就會顯示他們的論證是錯誤的。那些曲解聖經，為了要讓聖經與他們先入為主的觀念相一致的人，上帝與他們會有一場論戰。」（3SM 82）。她還評論那些人是藉「把一些話從上下文中割裂出來，放在他們的推論當中，使我的著作看上去似乎是在支持他們所譴責的東西。」（Lt 208，1906年）

懷愛倫多次被一些人搞得心煩意亂，他們東一句西一句地把她的一些話挑選出來，使這些話不再有前後的因果關係，又把這些話按照自己的想法加以應用。」她說，這些「可憐的人變得迷亂而不知所措，如果他們能按順序去閱讀這些內容，他們就會看見真正的應用，而不至於如此困惑了。」（1SM 44）還有一次，她評論道，那些從她的著作中所做的「摘錄可能會造成閱讀者出現一種與原來的上下文有所不同的印象。」（同上，58）

懷威廉常常不得不處理人們抽離上下文的使用方式所產生的問題。他在1904年寫道：「**許多誤解都是由於錯誤使用那些證言中孤立的段落而產生的。在這一類情況下，如果所讀的是整篇證言，或是整個段落，那麼所得到的理解，會與只讀選摘的句子所得到的印象完全不同。**」（懷威廉致賽德勒的信，W. C. White to W. S. Sadler，1904年1月20日）

1911年，他對這個問題發表了一段頗有啟發作用的敘述。那是他寫給一位名叫布利斯賓（Brisbin）弟兄的。此人根據懷愛倫健康改良的著作彙編了一本小冊子。在那年五月份，布利斯賓曾寫信表示，不知為何他早前寫的那封關於彙編的信沒有收到回信，並且提出了「是否（教會證言）禁止對懷姊妹的著作進行彙編的問題」。

懷威廉拖延到十月份才回信，原因是：就健康改良的小冊子而言，他的「母親不願意讀你對她的著作所做的彙編」。

　　對於個人私底下從懷愛倫的著作中挑選概要所形成的彙編，懷威廉講了懷愛倫的態度：「懷姊妹主張，要前後連貫地來讀她的著作才能有正確的理解。她說上帝沒有委託她寫像箴言那樣的東西。此外，她感到從她的著作中零星地挑選一些段落，會損害人對真理的接受。這些被挑選的段落，所呈現的往往是她在某一題目所做的最強烈的敘述，根本不考慮在其他段落的敘述所做的限定情況，以及呈現此題目的其他段落內容，對全面均衡地看待她的著作之教導有多重要。」

　　「她說，如果那些鼓吹健康改良的人，能完整地閱讀我書中有關此類題目的全部敘述，或者他們完整地學習我的那些文章，那他們定能得到寶貴的真理。……然而，由於他們這裡一句，那裡一段，另一處又抄幾行，再根據他們自己的愛好和判斷，把這些東西組織在一起，他們就誤傳我的教導，使人對健康改良或任何他們所經手的題目，產生扭曲的看法。」（懷威廉致布利斯賓的信，1911年10月10日）

　　有一個例子，就是從上下文背景中摘出一些句子的誤解，其內容是談論到在一餐中同時吃水果和蔬菜的情況。我們在《健康之源》中看到，「在一餐中同時吃水果和蔬菜是不好的。」（MH 299）有人竟把這句從上下文背景中摘選出來，作為一項放諸四海皆準的規定來應用。然而，他們應該繼續往下讀，因為下面緊接著就說：「**如果消化不良的話，兩樣同時吃會導致腦力的損傷。**」

對這樣的人，她的結論是：「最好一餐吃水果，另一餐再吃蔬菜。」（同上，299, 300）

她在另一處寫道：「如果我們要保持最佳的健康狀態，就應該避免同時吃水果和蔬菜。**如果我們的腸胃不好**，這樣吃會帶來損傷，大腦會混沌，而無法提起精神努力。應該一餐吃水果，下一餐再吃蔬菜。」（CD 395）

已故的懷愛倫著作託管委員會主任懷亞瑟，在對這些摘錄做評論的時候說：「正由於懷愛倫提出消化不良的因素，所以，不分青紅皂白地把這段勉言當作硬性規定來應用，就顯得過於極端了。實際上，我們注意到，她這些話乃是針對餐後甜點說的。她認為最好的餐後食品乃是水果（CD 333），在同一頁，她建議用水果來代替油膩的點心、蛋糕以及餐後甜點等等。」

他接著又指出懷愛倫在1872年的日記中所提及的，「她寫這些話的時候是在科羅拉多州，她說，他們早餐吃的是綠豌豆、綠玉米、鬆餅及梨子。對她而言，消化這些食物顯然沒有什麼問題，但對另一些人而言，這也許就是個問題。」

「關於飲食問題的細節」，他總結說，對懷愛倫勉言的應用「不同的人可以有不同的經驗，而且要以個人對某些食物的承受能力或對食物的消化能力為根據。對某些人而言，也許是很愚蠢的舉動，但是對另一些人來說，也許就不是什麼大不了的問題。」（懷亞瑟致威爾漢的信，A. L. White to O. Willhelm，1966年5月13日）

　　文字的上下文很重要。如同在一餐中同時吃水果和蔬菜的問題，她在這個主題上有最基本的說明，即這種情況是針對那些消化不良的人說的。

　　另一個說明上下文之重要性的例子，是有關一段經常被人引用的話。懷愛倫說：「基督正滿懷殷切的期望，等待著祂的教會顯示出祂自己。當基督的品格完全地複製在祂百姓裡面的時候，祂就要來，宣布他們是屬於自己的。」（COL 69）

　　有太多的人讀這段話的時候沒有仔細查看上下文。結果，他們把上下文結構中所沒有的含義用於「完全」一詞上。他們不但把《天路》的敘述從其上下文中「切割」開來，還把另一些敘述從諸如《論飲食》之類的書中抽離出來，又把一些證言從它們的背景中隔離開來，並創造出一種扭曲的、很危險的神學。這種方法導致許多的讀者（包括我在內）在自己的基督徒經驗中，走上了偏離正題的自毀之路。

　　這類讀者如果能將《天路》中這段敘述的前兩頁，更仔細地閱讀，就能避免許多的問題。懷愛倫說，基督努力要把祂自己複製在人的心裡，並而且那些已經接受祂的人，會放棄撒但國度和以自我中心的生活。由於他們接受了「基督的靈，無私之愛的靈，服事他人的靈」，以致他們會變得更像基督。結果，她說：「你的愛會得以完全。你會反映出愈來愈多地基督般的純潔、高尚，及謙和。」（COL 67, 68）在上下文中，這種對基督品格的完美

複製，並非在呼召人去作隱退的修道士，而是呼召我們要讓耶穌在我們每日的生活中表現出祂的愛。

對於此類敘述的理解，文字的上下文實在是非常重要。很不幸的，就算是「官方的」編輯，有時候也會出版這種與原本非常重要的文學架構脫離的敘述（例如：LDE 39）。雖然所有的選集都有目的性和篇幅的限制，這一點也是可以理解的，但這種例子卻突顯出查看原始資料的必要性，就是無論在什麼情況下，都要盡可能地查看原始資料，以便更接近懷愛倫真正的意思。官方的彙編會印列出參考的原始資料。因為對於一些重要的敘述而言，研究文字的上下文絕對是必要的選項，若要忠實地閱讀懷愛倫的著作，這乃是一個至關重要的環節。

強調從上下文背景中學習懷愛倫的文章和書籍，並非言過其實。不能僅僅閱讀主題式彙編的內容，也不能只是利用懷氏著作的綜合索引、懷愛倫著作託管委員會製作的光碟片，以及那些已出版的懷愛倫著作，來閱讀那些按著某個主題摘選出來的內容。如果學習懷愛倫的著作所使用的的方法都是這樣，那麼，索引和資料光碟就是最糟糕的東西。這些工具都要用得適得其所，我們應該用這些工具進行廣泛的閱讀，幫助我們了解更多懷愛倫話語的上下文，而且對於她作品整體性的平衡有更多的認識。

第 14 章

認識懷愛倫對理想和現實的理解

懷愛倫在不同的情形中應用勉言時，

不僅考量上下文的關係，

也對上帝的理想計劃和人類的現實。

情形之間的差別有清楚的理解，

我們不能試圖迫使所有的人都全盤接受。

懷愛倫常感到自己被某些人煩擾，她說：「他們從證言中摘選出最強烈的敘述，但對於是在何種情況下所發出的警告和勸誡，卻不作任何說明，就強行地運用到所用的情形中去。……他們從證言中挑選出一些東西，迫使所有人都要接受，結果不是贏得生靈，而是令人厭惡。」（3SM 285, 286）

她的觀察不僅強調了一個事實，也就是我們在讀她的著作時需要考慮到她的敘述中所存在的歷史背景，並且說明了她會在一些敘述中使用比在其他敘述中，更強烈或更有力的語言。這個思想把我們引到了懷愛倫著作中理想和現實的概念上。

當懷愛倫敘述理想的時候，通常會使用最強烈的語言。就好像她必須說大聲一點，才能使別人能聽見一樣。有一段如此的敘述出現在《基督教育原理》中。她勸誡說：「**除非使他們遠離城市，否則『永遠也不能』（Never）在這個國家，或其他任何國**

家，帶給年輕人合適的教育。」（FE 312）

　　這是她盡可能做出的一個強有力的敘述。這個敘述不僅堅硬無比，而且在時間和空間上似乎含有普遍性。沒有比「永遠也不能」更強烈的字眼了。從嚴格的意義上來說，這個字眼是不允許有例外的。她在地點上也同樣使用了斬釘截鐵的語言，「在這個國家，或任何其他國家。」這樣的話顯然還是不允許有任何的例外。我們所涉及的似乎是一個關於在都市建立學校的普遍禁令。但她的敘述比這個還要強烈。這些學校不僅要建在都市外，而且要「遠離」城鎮。

　　如此的語言不容變更，也沒有暗示任何的例外。

　　因此，了解她說這些話的歷史背景就顯得非常重要。根據書中所提供的參考資料，這段勉言首次發表在1894年（參閱FE 327）。在《基督教育原理》書中第310頁，對這篇文章介紹性的說明指出，她所講的是關於「澳洲聖經學校」〔就是後來知名的艾蒙戴爾（Avondale）學校或艾蒙戴爾大學〕的選址問題。

　　在成立艾蒙戴爾學校以前，復臨信徒的大學留下了很多有待解決的問題。第一所復臨信徒的官方學校於1870年代初期建於密西根州的巴特溪。巴特溪學院以教授傳統的課程為特色，對聖經的學習甚少關注，而在工作方面的實際訓練則更少。除此之外，學校占地還不足10英畝，蜷縮在巴特溪鎮裡。北美的另一所復臨信徒學校始於1880年代，基本上遵循了巴特溪的模式。

在艾蒙戴爾學校的建立過程中，懷愛倫希望以一種全新的方式來開辦復臨信徒教育。結果，她力促新開的學校要強調聖經學習，傳教士差傳，以及實際的訓練，同時消除以古希臘語和拉丁作者為主流的「異教」傳統教育方式。之後，一所占地1450英畝的學校，在一個名為庫蘭邦（Cooranbong）的村莊附近的農田上被建立起來了。正如懷愛倫所勸勉的，學校的創建者們將學校建立在與城鎮有很大一段距離的地方。

懷愛倫對新校址極為滿意。她後來在不同的地方提到艾蒙戴爾的時候，都把它當作「實例教學」（object lesson），「示範學校」、「模範學校」、及「典型」（LS 374；Lt 88，1900年；MS 186，1898年；CT 349）。1900年她更直接地說：「我們要把艾蒙戴爾學校作為建立其他學校的典型」（MS 92，1900年）。

艾蒙戴爾的確成了全世界復臨教會學校的榜樣。巴特溪大學賣掉了幾英畝地，在密西根州的貝林泉重新創建了一所學校，稱為「以馬內利差傳大學」（就是現在的安得烈大學）。那時，美國加州的赫德斯伯大學（Healdsburg College）也從原來的城鎮搬遷到荷威山頂（Howell Mountain），在那裡取名「太平洋聯合大學」（Pacific Union College）。這兩處大學都是「遠離」城鎮的。除了這些學校之外，新的教育機構通常都遵循艾蒙戴爾的這種模式，在鄉下擁有大片的土地。

然而，也有例外。例如，1909年，復臨信徒的工作在一些大

城鎮裡不斷增長。這些城鎮中，有些家庭無法負擔把自己的孩子送到鄉下學校的費用。結果，懷愛倫建議在這些城鎮建立學校。**「盡可能的，……學校應該建在城外。但在一些城鎮裡有許多孩子不能到城外去讀書；為了這些孩子的益處，在城鎮裡也要開辦學校，像鄉村一樣。」**（9T 201）

此刻，你可能在思忖，「除非使他們（學校）遠離城市，否則永遠也不能在這個國家（澳洲），或其他任何國家，帶給年輕人合適的教育」（FE 312），說這段話的人，和仍在提倡要把學校建立在城鎮中的人，是同一個嗎？

答案是肯定的！讓所有的孩子都得到農村的教育，乃是教會應該「盡一切可能」去實現的**理想**。然而，現實的情況是，因為生活艱辛使這樣的教育對某些人而言，變得遙不可及。如果要使那些貧窮家庭的孩子也能得到基督化的教育，就要順應**現實**。懷愛倫很理解這一點，也接受理想和現實之間的差距。

令人遺憾的是，她的許多讀者都沒有考慮這個實際的情況。他們只針對懷師母那些語氣「最強烈的」敘述，就是那些表達理想的部分，而忽略了那些較為緩和的段落。結果，就如我們在前面所讀到的，「他們從證言中挑出一些東西，迫使所人都來接受，結果不是贏得生靈，而是令人厭惡。」（3SM 286）

懷愛倫比她那些所謂的追隨者們平衡得多。真正的跟隨者們在運用她的勉言時，必須瞭解她對理想和現實之間差距的考量。

　　另一個反映懷愛倫著作靈活性的例子，與二十世紀初，新的華盛頓培訓學院（Washington Training College，現在稱為哥倫比亞聯合大學Columbia Union College）的建立有關。在首都的郊區，學校和毗鄰的華盛頓療養院共有50英畝土地，各占25英畝。學校不僅面積小，而且也沒有「遠離」城市。這個學校幾乎沒有按照艾蒙戴爾的模式來辦。

　　然而，懷愛倫卻對復臨信徒們說：「這塊地乃是在主的眷佑之中」。幾天之後，她又寫道：「我們的學校和療養院所在的那個地方令人十分滿意。這塊地像是主向我顯示的那些圖像。……對學校和療養院來說都有充足的空間，都不會顯得擁擠。」（LS 397）

　　我們要問：「這怎麼可能呢？」這看起來幾乎就是與原則相互矛盾。然而，在急急忙忙作出判斷之前，我們應該指出，她曾經宣稱：「這種適當的調整，是為了實現這項工作的目標」（同上）。

　　「目標」（purpose）一詞是值得注意的關鍵詞。起初建立華盛頓學校的目標，與艾蒙戴爾和其他復臨教育機構的目標，有所不同。而且它所處的環境條件也不一樣。

　　懷愛倫在運用她的勉言時，有很大的彈性。她在另一處寫道：「對我們來說，沒有詳細考慮我們所建立的每一所學校有怎樣的目標，那將是一個可悲的錯誤。」（CT 203, 204）她完全不呆板

僵化。因此，不管她對艾蒙戴爾模式有多推崇，她仍能在1901年這樣說：「關於教育，主未曾特別設計一個一模一樣的計劃。」（3SM 227）1907年，那些在復臨信仰中最熱心的教育改革者們，竭盡所能地按照艾蒙戴爾「模式」開辦麥迪遜學校（Madison School），對此她又寫道：「在新的地方建立學校，沒有一個是以完全一樣的模式去照辦的。氣候、環境、土地條件，以及所用的工作方法都必須考慮進去。」（CT 531）

總之，應該重申，懷愛倫在對她著作的解釋上比許多人所知道的更有彈性。**她在不同的情形中應用勉言時，不僅關心上下文的關係，也對上帝的理想計劃，和人類的現實情形之間的差別有清楚的理解，有時因為這個緣故，對理想做些修改調整也是必要的。所以，我們不能只強調她著作中那些「最強烈的敘述」，並試圖「迫使所有的人都來接受」**（3SM 285, 286）。

【第 **15** 章】

運用常識

有些人對她的著作採取僵硬的態度，

試圖遵循她信息的字句，

卻錯失了潛在原則。

上帝希望我們所有的人都能運用常識，

按照常識來做出推斷。

　　<big>復</big>臨信徒在一些懷愛倫的勉言上有分歧，甚至有爭論，是人所皆知的。這種情況尤其是發生於那些似乎是直接而清晰的敘述。在《教會證言》第三卷中就有一段這樣的敘述：「在孩子成長到8至10歲之前，家長應該做他們**唯一的**老師。」（3T 137）

　　說到硬性的解釋，這段話就是最好的選項。畢竟，這段話是相當明確的，沒有任何的條件和例外的暗示。其中沒有「如果」，「或者」，或「然而」之類的敘述來減輕它的影響，只是清楚地說出事實，「在孩子成長到8至10歲之前，家長應該作他們**唯一的**老師。」懷師母首次發表這段話是在1872年。在1882年和1913年這話又重覆出現於她的著作中，這個事實無疑強化了這段話，似乎它是絕對性的。

　　然而，有趣的是，由於這段敘述而引起的鬥爭，或許為懷師母如何解釋她自己的著作，提供了記錄中最好的一個例子。

　　1902年，居住在北美加州的聖海倫娜療養院附近的復臨信徒們，與建了一所教會學校。年齡稍長的孩童都進了學校，當時有些比較隨行己意的復臨信徒家長，讓他們較為年幼的孩童們在附近無拘無束地奔跑玩耍，並沒有給予合適的管教和訓練。學校董事會的一些成員認為，他們應該為這些幼童開設一個班級，但是，另外一些人則認為不應該這樣做，因為懷愛倫清楚地說過，「在孩子們成長到8到10歲之前，家長應該作他們唯一的老師。」

　　學校董事會中有一派，顯然感覺到幫助那些被忽視的孩童比持守律法的規條更重要。另一派則相信既然已經有了一條硬性的命令，就一定要服從這「直接的證言」。說得婉轉些，這個問題使學校董事會產生了分裂。在這個案例中最有趣的，是學校坐落在懷愛倫的地產上，於是，學校董事會就可以向懷愛倫提出面談的請求，一起討論入學年齡和教會對所屬孩童的教育責任。幸運的是，整個面談過程都被記錄和列印出來，並保存在懷愛倫的原稿檔案裡（參閱MS 7，1904年；其中的大部分內容都收錄在3SM 214-226中）。

　　在懷愛倫的文集中，這次面談的記錄乃是最值得注意的文件之一。該文件清楚地證明懷愛倫在一個現實情況中，解釋她自己的勉言時，所運用的一些原則。**這是一篇所有正在學習她著作的人都應該閱讀的文件。**

　　面談一開始，懷師母即重申了她的立場，在理論上家庭應該是小孩子的學校。她說：「住家同時也是家庭教會和家庭學

校。」（3SM 214）這是在她所有著作中都可以看到的理想。制度化的教會和學校的存在，乃是補充建立一個「健康家庭」的工作。這是最理想的狀態。

但是，正如我們在前一章所發現的，理想不一定是現實。或者，換句話說，現實常與理想有差距。所以，懷愛倫在面談中繼續說：「媽媽們**應該**有能力在孩子還處於兒童時代早期時，就聰明地教導他們。**如果**每一位母親都有能力這樣做，並且花時間教導她的孩子們，學習早期應該學習的功課，**那麼**，所有的孩子就都能留在家庭學校裡，直到他們8歲，或9歲，或10歲。」（同上，214, 215）

在此，我們開始發現，懷師母是這樣處理現實問題的，關於孩子們在8至10歲之前，家長是他們唯一老師的敘述，她修改了絕對和無條件的性質。理想狀態是媽媽們「應該」有能力作最好的老師，行使她們的職責。但是，當懷愛倫使用諸如「如果」和「那麼」這一類的字眼時，現實主義就闖進來了。她很明確地暗示，不是所有的媽媽都有能力或都願意這樣做。但「如果」她們既有能力又願意如此做，「那麼，所有的孩子們就都能留在家庭學校裡。」

她在面談中一直採取現實的態度。她說，很不幸的，很多人沒有認真地履行他們的職責，其實，他們最好不要生養孩童，為人父母。可是由於他們輕率地把孩子帶到世上，教會就不應袖手

旁觀，而是要對孩子品格的發展給予盡可能的指導。她堅持基督徒社團有責任去訓練這些被忽視的孩子，她甚至宣稱教會需要在建立幼兒園的事上改變理念。

在面談中她說：「上帝希望我們能通情達理地處理這些問題。」（同上，215）**有些人對她的著作採取僵化的態度，試圖遵循她信息的字句，卻錯失了潛在原則**，對於這樣的人，懷愛倫變得相當激動。她顯然不贊成那些嚴苛的解釋者所持的態度和所說的話，她說：「有一種觀念說，『因為懷姊妹如此說了，所以我們就要這樣做』，我的心為此很受攪擾。」她又補充道：「**上帝希望我們所有的人都能運用常識，祂希望我們按照常識來做出推斷。不同的環境會改變前提條件。不同的環境也使事物之間的關係發生變化。**」（同上，217）懷愛倫在解釋她自己的著作時絕不缺乏彈性，這是我們所知道最重要的一點。

我們「抓住」懷愛倫的一句話，僅僅因為它清晰且有說服力，就把它推行到一個不適用的情形中，這便是產生問題的原因之一。在此過程中，我們不但有時會與基督教的原則相矛盾，而且還會使勉言本身變得一文不值，惹人反感。她絲毫不懷疑盲目的使用她的觀點是有害的。因此，難怪在談論到關於如何使用她著作中的摘錄，甚至這些摘錄是用最直接和最絕對的措辭說出來時，她做出「上帝希望我們所有的人都有常識」的表示。

在應用懷愛倫勉言的過程中，也許對最違背常識性規則的

例子，是發生在索盧西學校（Solusi school）裡。該校在今日的辛巴威（Zimbabwe）境內。第一批宣教士於1894年到達索盧西校園。他們是忠實的健康改良者，嚴格而僵化地執行懷愛倫關於避免有害藥物的勉言。當1898年瘧疾大規模爆發期間，他們拒絕使用奎寧（quinine，一種治療瘧疾的藥物）。結果，1894年最初到達的七個人當中，只有三個人活了下來，其中的兩個人還是到了好望角才得以從瘧疾中痊癒的。僅剩的那名宣教士則是「不忠實」的人。他基於使用有害的藥物總比完全暴露在疾病的肆虐下還好的想法，而使用了奎寧。簡言之，他在嚴酷的現實面前採納了常識，否定了絕對的理想。結果，他得以繼續留在索盧西服事和作見證。

我還記得在索盧西參觀這些「忠實」健康改良者們的墓地。當我低著頭站在那裡，我忽然意識到，不遵循懷愛倫關於勉言時要使用常識的勸告，會導致嚴重的後果。

有一次，一個南太平洋的宣教士來見懷愛倫，由於他堅守懷愛倫在奎寧和其他藥物上的勉言，所以在瘧疾中拒絕給他的大兒子使用奎寧，以致他失去自己的兒子。

他問她：「當我知道沒有其他方法可以控制瘧疾，如果不給藥，他就會死掉的情況下，我給孩子奎寧算是犯罪嗎？」她回答說：「不算，我們所要做的就是盡我們最大的努力。」（2SM 282）

在現實的領域裡不運用常識所導致的後果，會立刻讓所有人知道。但那些僵化而愚蠢地用合乎自己邏輯的極端作法的人，在

屬靈領域裡推行懷愛倫的（及聖經的）摘錄，最終只會使人產生「厭惡」，並把他人從上帝面前趕走，將來只有永恆才能顯示他們禍害的記錄（參見3SM 285-287）。最後一章我們會再談這個問題。

第 16 章

發現潛在的原則

刻板僵化的思想和行動，

都是與活潑的基督教相對立的。

基督徒的任務是找出上帝的啟示，

並努力把這些啟示實踐在日常生活中，

卻不曲解其中潛在原則的含義。

1894年7月，懷愛倫寫了一封信給密西根州巴特溪的教會總部，她在信中譴責了購買自行車和騎自行車的行為（8T 50-53）。乍看之下，她的這項動作似乎很奇怪，一位先知居然會認為這種個問題是很重要的。當我們注意到自行車問題竟已經明確地啟示在異象裡的時候，就更覺得古怪了。

今日我們應該如何應用這段勉言呢？是不是說復臨信徒們不應該有自己的自行車呢？

要回答這個問題之前，就像第12章所建議的，我們首先得了解歷史背景。1894年，現代自行車的製造才剛剛開始，擁有一輛自行車很快就成了一種風尚，然而，不是把它當作一種經濟的交通工具，僅僅只是為了趕時髦，參加自行車競賽，或者騎著車到處炫耀。傍晚時分出來騎車，在自行車上懸掛著日本燈籠也是炫耀的一部分。騎自行車在當時是很時髦的事情，象徵著你的社會

地位和身分。

　　從一篇題目為「當世人都去騎自行車之際」的文章中摘錄出來的話，有助於我們明白她寫自行車勉言的歷史背景。文章說：「本世紀的最後幾年，美國人被一種強烈的激情所席捲，除此之外，他們幾乎沒有什麼時間和金錢去做別的事。……這件使人分心的重大新事件是什麼呢？說到答案，人們只能面朝窗外，看著他們往昔的顧客紛紛呼嘯而過。美國人發現了自行車，每個人都在充分利用它所帶來的新特權。……自行車開始成為富人們的玩具。上流社會和名人們都去騎自行車了。」

　　「早期最好的自行車價值150美元，相當於今天一輛汽車的花費。……家裡的每個成員都想有一輛『車子』，一家人的積蓄通常會全部用來支付這項需求。」（《讀者文摘》，Reader's Digest，1951年12月）

　　社會學家福納斯（J.C. Furnas）也講到了類似的題材，他說：「1890年代初期，又雅端莊的伯克・洛奇太太穿著她灰白色的騎乘服飾，騎著她鑲銀的自行車，實在是長島花園城的一道風景。而在中央公園佩戴黃金飾品騎車的莉蓮・羅素則更顯浮華。」（《美國社會史》，The Americans，810頁）

　　根據這樣的歷史背景，懷愛倫在1894年關於自行車的敘述就具有一種新的意義了。她寫道：「似乎有一種自行車狂熱。那些用來滿足這方面熱情的金錢，若投資於急需建造敬拜場所的地方會更好。……這種使人著迷的影響如同浪潮一般漫延到我

們。……撒但的工作有著強烈的目的，他勸誘我們把時間和金錢都投入到滿足自己心中的渴望上。這是一種偶像崇拜。……當許多人因為饑餓而死亡時，當饑荒和瘟疫就在我們的眼前和我們的身邊發生時，……那些表示愛上帝和服事上帝的人所行的，豈能像挪亞時代的人一樣，隨從自己心中的想像呢？」

「有一些人正努力地要獲得優勝，都想在自行車的競賽中勝過別人。在他們中間有一個互鬥和競爭的靈，就好像這是一件最大的事情一樣。……我的引導者說：『這些事都是與上帝為敵的。無論遠近，正在消亡的生靈都需要生命的糧和救恩的水。』當撒但在某一戰線上擊敗之後，他就會啟用另一些已經準備好的陰謀和計劃。從表面上來看，既吸引人又不可缺少，卻吞噬人的金錢，占據人的思想，同時鼓勵人自私自利，藉此，他就能獲得那些輕易被引至不忠和自私的人心。」

懷愛倫問道：「這些人對上帝工作的拓展有何種負擔呢？……這樣的投資方式，以及這樣騎著自行車在巴特溪的街道上穿梭來往，能向處在永恆世界邊緣的人們證明，你真的相信最後賜給世人的嚴肅警告嗎？」（8T 51, 52）

她關於自行車的勉言明顯是過時的。沒過幾年自行車就相當便宜了，並且成為年輕人和較為貧苦之人的交通工具，那時的文化潮流的焦點已經轉變了，繼自行車之後，四輪車成了人們的渴望。

這種社會的變化，使得有關自行車的勉言無法應用在現實中。或者有人這樣做？儘管有些勉言的細節的確不再適用了，但是蘊含在特別勉言中的原則，卻跨越了時間和空間，仍然是我們可以應用的。

那麼，這些原則是什麼呢？首先，基督徒不該把金錢花費在自私自利的滿足上。其次，基督徒不做企圖壓過別人的事情，這樣做會產生互鬥和競爭。第三，基督徒應該把他們價值觀集中在將要來臨的國度，並在現階段幫助其他的人。第四，撒但會一直策劃陰謀使基督徒出軌，進入自我放任的領域裡。

這些原則是不變的。適用於人類歷史的每一個時代和每一個地方。自行車僅僅是這些原則與1894年巴特溪人的情形之間的接觸點而已。雖然特定的時間和地點變了，但普遍性的原則卻是不變的。

我們作為基督徒的責任，不僅是要讀上帝給我們的勉言，還要忠心地將主的勉言應用到我們個人的生活中。因此，**我們的第一個任務，就是學習藉著聖靈引導，從聖經和懷愛倫的著作中找出基督徒生活的原則。**

第二個任務，則是把我們所發現的原則，與我們個人生活和社會背景聯繫起來。要這樣做，我們就必須對原先產生勉言的歷史背景有所了解。這些信息使我們有能力，區分潛在於聖靈啟示下所寫出的普遍性原則，和在歷史的時間與場景中處理問題的特例。

第三個任務，是我們必須對當前的情形有深刻的了解，因我們將要把普遍性的原則應用在其中。只有這樣的了解，才能使我們把先知的原則聰明地實踐在我們每天的生活、我們的學校、我們的教會，以及文化的潮流中。

不了解就不要隨意應用。正如我們在第15章中所看到的，了解即表示要使用理智和常識。我們所有人都要面對一個關鍵的問題，就是在相信聖靈啟示的文件和上帝賜給我們的理智之間保持平衡。第一個極端，是不假思索地依賴先知的權威（就是用「我有一段摘錄」的方法去解決所有問題）；而另一個極端，是以一種不健康的方式依靠理性，將我們真正想做的事合理化，或為此找一個藉口。聖靈啟示的勉言必須永遠引導我們理性的認知，而另一方面，我們必須藉助我們的理性，來領會和應用勉言中的真理。

無論是信靠聖靈啟示的著作，卻不運用理性，或是依靠理性，而不應用聖靈啟示的著作，兩者都是致命的誤解。當我們試圖去了解上帝，並將祂的智慧實踐在我們日常生活中時，權威的啟示與分別為聖的理智，是緊密聯合的。上帝賜給我們理性思考的能力，並且指望我們為祂的榮耀而使用（以賽亞書1：18；Ed 17）。聖靈啟示的勉言提供了基本的原則，為我們的理性思考設置了範圍和方向，思考同時使我們有能力，把勉言應用在我們獨特且不斷變化的處境中。

基督徒的生活是一種活潑的經驗，與常識、人的思考和行動

是密不可分的。基督教是一項道德事業，每個人在上帝眼中都有道德責任的。**刻板僵化的思想和行動，都是與活潑的基督教相對立的。基督徒的任務是找出上帝的啟示，並努力把這些啟示實踐在日常生活中，卻不曲解其中潛在原則的含義**。這需要個人的獻身，也需要對聖靈帶領的敏感。

懷愛倫的生活，以及引導復臨信徒教會的努力，都與永活的聖靈有關。耶穌也示範出同樣的態度，祂因採取了靈活的方式而能接觸各個層次的人。祂那既有原則又有很強適應力的生活和教導，撐破了法利賽主義的舊皮袋。

另外補充一點，就本章所闡明的一些觀念而言，登山寶訓就是一個極好的例子。馬太福音第5章後面有6個例證，耶穌在每一個例證中，都試圖引導祂的聽眾們到律法原則的中心點上，並將之應用於他們自己的生活中。

第 17 章

認識到聖靈的啟示,並非永遠正確、不能出錯,或照本宣科

有些人拒絕復臨信仰和懷愛倫的恩賜,

部分原因是由於他們對聖靈啟示的固執觀點,

但受影響的不僅是他們,

就連許多教友,

也因為對文字表達有錯誤的信賴,

而歪曲了事實。

1906年3月19日，在大衛・保森（David Paulson）醫生寫給懷愛倫的信中，他說：「你的勉言使我堅定相信，你在公開場合或私底下所說的**每一個詞**，你在**任何**情況下所寫的**每一個字**，都像十條誡命一樣是出於聖靈的啟示。儘管有許多身居重要地位的復臨信徒，對此有難以計數的異議，但我仍**絕對**堅守這個觀點。」這段話深入懷愛倫受聖靈啟示的本質，保森想知道他是不是應該繼續堅持這樣一個強硬的觀點。在這個過程中，他提出了文字性聖靈啟示的問題，和有關「遠正確和永不能出錯」的問題。由於正確理解這些問題對閱讀懷愛倫或聖經都是至關重要的，所以我們要在本章來一一探究。

1906年6月14日，懷師母回覆保森的來信。她寫道：「我的弟兄，你勤勉地學習我的著作，但你永遠也找不到我（對於文字性啟示）有過這樣的主張，你也不會找到在我們事業的先驅中，誰有過

這樣的主張。」她接著就用聖經作者們獲得的啟示，來闡明她著作中的啟示來源。儘管上帝默示了聖經的真理，但它們卻是「用人的語言表達出來的」。她將聖經視為「上帝與人的聯合」。因此，「證言是通過人類的語言表達出來的，儘管不完美，但仍是上帝的證言。」（1SM 24-26）

　　這個觀點表現出懷愛倫跨越時間的一貫見證。她在1886年寫道：「聖經是受聖靈啟示的人所寫的，然而它卻不是上帝的思想模式和表達模式，它是人類的模式。上帝並沒有以聖經的作者表現出來。……聖經的作者們是上帝的執筆人，而非祂的筆。」

　　「不是聖經的詞語受了聖靈的啟示，而是人受了聖靈的啟示。聖靈不是對人的詞語或表達方式起作用，而是對人本身起作用，在聖靈的影響下，人就充滿了思想。然而詞語卻是個人心思意念的表現。神性的心思在其間漫延開來，神性的心思和意志與人的心思和意志結合在一起。因此，人的言辭就成了上帝的話。」（同上，21）

　　蒙聖靈啟示而逐字寫下的文字，不同於聖靈啟示所得到的思想，以上這段話是我所能找到的最清晰和最有見地的敘述。關於懷愛倫自己的經驗，她寫道「儘管我是根據主的靈來寫下我所接受的觀點，但我在描述我的所見所聞時，所用的詞語卻是我自己的，而天使對我說的那些話，我總是會用引號圈起來。」（同上，37）

　　她在思想性啟示相對於文字性啟示上所採取的立場，在1883年的總會大會上，得到了本會的正式接受。決議當中有這樣一段話，「我們相信，上帝所賜給祂僕人們的亮光，乃是對心思的啟迪，是傳授思想，而非只是傳授那些要表達觀點的特定詞語（極少的個例除外）。」（RH，1883年11月27日）

　　但是，這樣的立場用表決的方式遠比讓人全然接受來得容易。因此，懷威廉後來寫下，十九世紀末葉文字性啟示的理論潛入了復臨信仰。他又說，接受這個理論的結果，「會給我們的工作帶來層出不窮，永無止境的疑問和困惑。」（3SM 454）

　　我們從康萊特（D.M. Canright）生平的例證中，就可以看見這個問題極具爭議的性質。他曾經是本會主要的傳道人，但在1887年到1919年間卻成了對本會抨擊最厲害的人。康萊特強烈地反對懷愛倫的書中斷言，「她所寫的無論是文章、信函、證言，或書籍，她都宣稱是受了聖靈給她的指示，因此必定是沒有錯誤的。」（《懷師母的生平》，*Life of Mrs. E. G. White*，9頁）

　　我們已經看到，懷愛倫自己所持的立場，是與此說法相反的，卻仍無法阻止那些秉持錯誤啟示理論之人所造成的損害。

　　有些人拒絕復臨信仰和懷愛倫的恩賜，部分原因是由於他們對聖靈啟示的固執觀點（諸如：康萊特和A.T. 鐘斯），**但受影響的不僅是他們，就連許多教友，也因為對文字表達有錯誤的信賴而歪曲了事實。因此，1911年，懷威廉寫信給司提反・哈斯科爾**（S.N. Haskell）

說：「我們看待母親的作品，若與她自己、父親、安得烈的眾長老們，以及瓦格納（J.H. Waggoner），或史密斯所主張的不一樣，就是對她作品的損害，這是非常危險的。母親沒有發表過任何這樣的主張，所以我看不出我們所提關於文字性啟示的主張，與她的著作是具有連貫性的。」（懷威廉致哈斯科爾的信，1912年10月31日）

兩個月之後，哈斯科爾回信給懷威廉聲稱，懷威廉對聖靈啟示的觀點是「極大地動搖著證言的根基」。哈斯科爾繼續爭辯說：「那在信仰上最堅強的人，是對你母親的著作無條件相信的人，而騎牆派則是早晚要放棄對證言的相信，放棄信仰的人。」（哈斯科爾致懷威廉的信，1913年1月8日）

在哈斯科爾寫了此信的一週之後，懷威廉再一次堅持他的觀點。懷師母的兒子寫道，他「意識到有很多領袖，確然是忠誠支持證言的，他們當中有些人覺得，要讓弟兄們繼續持守證言的最大困難之一，是少數有年紀有經驗的人（如哈斯科爾）堅持把文字性啟示的理論強加給他們，這個理論是母親不支持的，也是總會不支持的，我父親也從未贊同過。有人已經向我表達了一種看法，說有一小部分的人採取極端和過分立場，包括你在內，正在動搖證言，比任何其他的因素更變本加厲。」（懷威廉致哈斯科爾的信，1913年1月15日）

懷威廉與哈斯科爾之間書信往來的悲劇性結果，是懷愛倫在她兒子給哈斯科爾的其中一封信上寫了附言，明確地否決了哈斯

科爾所鼓吹的立場。在上文提到的那封10月31日寫給哈斯科爾的信中，懷威廉用十分明確的言辭，說哈斯科爾和其他人因過分主張她的作品而損害了她的工作，在該信的一份副本上，她寫道：「我贊成這封信裡面所表達的觀點」，並且還簽上了名字。可惜哈斯科爾一直沒有看到這個附言。很可能懷威廉也沒有看到過，因為這封信的幾個副本都在那裡。如果他看到了懷愛倫寫附言的副本，自然會將信寄給哈斯科爾，作為最終的結論。然而他並沒有這樣做。

很遺憾的，關於文字性啟示的爭論一直延續到1920年代。因而，在由教會贊助出版的《對基督復臨安息日會各大學聖經教義的分析研究》（Analytical Studies in Bible Doctrines for Seventh-day Adventist Colleges，1926年）一書中，豪斯（B.L. House）才會為「聖經原文的每個字都是由聖靈的支配而寫成」的立場提出辯論（66頁）。

當然，這個立場正是懷愛倫在她的全部事工中所否決的理論和實踐。當一些人就《善惡之爭》（1911年版）的修訂提出質疑時，懷威廉談到了文字性啟示的問題。他對總會的代表們說：「母親從未提出文字性啟示的主張」，並且其他復臨信仰的奠基者們也從沒有提出過。他還提出了一個無法爭辯的挑戰，「如果在她寫手稿的時候受到聖靈啟示，要求逐字寫下，那為什麼她還要對自己所寫的內容做增加或修改呢？母親常會拿著一篇手稿仔細地檢查潤飾，透過一些增添使其中的思想更為深遠。」（3SM 437）

可惜的是，這種鬥爭並沒有因懷威廉和他母親試圖解決這個問題而結束。無論他們二人的敘述有多清楚，直到今日仍有許多人持咬文嚼字的立場，以及與此緊密相連的「永不會出錯」和「永遠正確」的虛假理論。我們現在就要來看看這些問題。

在永遠正確的思想範疇裡，我們又發現一些復臨信徒所主張的與懷愛倫所提出的有很大的出入。例如：一位重要的福音佈道者，聲稱「上帝的屬性決定了聖經的永遠正確」，因此聖經是絕對無誤的，「耶穌，天上榮耀的指揮者，也接受聖經，認為它是沒有錯誤的。」他爭辯說，在任何形式上聖經都是完全無誤的。他提出，如果聖經在任何一個特別地方出錯的話，「為什麼神學和救贖卻沒有錯誤呢？」（《傳道者》Ministry，1970年1月）

在進一步討論之前，我們也許應該先給這幾個短語下定義。《韋氏新世界辭典》中描述「永遠正確」（infallible）是：「1.不能有差錯，永無錯誤。2.沒有失敗、不正確，犯錯的可能等等。」而「不能出錯」（inerrant）是「不做錯事，不犯錯。」從本質上，許多人將這些定義引入了聖經和懷愛倫著作的領域。

關於永遠正確，懷師母明白地寫道：「我自己永遠不會這樣主張；因為只有上帝是永遠正確的。」她又說：「只有上帝和天國是永遠正確的」（1SM 37）。當她宣稱「上帝的道是永遠正確的」之時（同上，416），我們會在下文中看見她並不是說聖經（或她的著作）在各方面都沒有出入。

　　相反的，她在《善惡之爭》的導言中相當簡明地提出了自己的立場，「人應當接受聖經，乃是上帝旨意的啟示，且具有權威性和毫無錯誤。」然而，這意思是說，上帝的眾先知所做的工作，並非在所有的細節上都永遠正確，而是在上帝所要啟示給男男女女的旨意上永遠正確。懷愛倫還有一段相似的敘述，「祂的道，……在生靈得救贖的每一個要點上，都是簡單明瞭的。」（5T 706）

　　懷威廉也對這個問題做了評論：「在某些部分，她遵循了歷史學家們的描述和復臨信徒作家們的說明，**我相信上帝已經給她辨識的能力，去使用對救贖而言上是正確並與真理相和諧的重要素材。**正如我雖不能將許多與年表有關的敘述，和聖經的敘述協調一致，卻不會影響我對聖經的信心一樣，就算我們透過詳細的研究發現她所遵循的一些預言性說明，在關於時間的細節上和世俗歷史的理解不一致，也不能影響我對她著作的信心。」（3SM 449, 450）

　　霍華•馬歇爾（I. Howard Marshall）詳細敘述了這個洞悉，他寫道：「上帝在聖經寫作的目的，乃是領人得到救贖，並走上生命聯合之路。因此，我們能肯定地說，上帝使聖經具備了一切要達到這個目的所需的東西。從這個意義上來講，『永遠正確』一詞應用於聖經是合適的，這表示，『在聖經裡，本身就有真實而充分的帶領，是可以無保留地相信的。』……因此，我們可以說，『永遠正確』表示，聖經在上帝藉由啟示所要達到目的上，是完

全可以信賴的。」（《聖經的聖靈啟示》，*Biblical Inspiration*，第53頁）

　　總之，懷師母對「**永遠正確**」一詞的用法，是與聖經作為完全可信的救贖指引有所關聯的。另一個「永遠正確」的概念，則認為聖經和她的著作是不可能有任何實際差錯的，但她從來沒有將兩者混為一談。

　　懷愛倫沒有在這個問題上繞圈子。她公開承認聖經可能存在一些實際的細節錯誤。她說：「有人嚴肅地問我們：『你們是不是認為聖經的抄寫者和翻譯者造成了一些差錯呢？』這是完全有可能的，但狹窄的心思會對這種可能性表現出躊躇和猶豫，也會在聖靈啟示之道的神祕性上躊躇不前，因為他們虛弱的心思無法洞悉上帝的目的。……所有的差錯都不會導致生靈的困擾，或腳步的絆跌，也不會從最清晰的真理啟示中去製造困難。」（1SM 16）

　　這樣，就算有讀者發現，馬太搞錯了說彌賽亞預言的人，他將撒迦利亞先知在基督降生前數世紀所寫的，指出基督會被人用30塊錢出賣的預言，說成了耶利米先知的預言（馬太福音27：9－10；撒迦利亞書11：12－13），那些忠實讀者的信仰也不會因此而動搖。他們也不會因為在撒母耳記上16章10－11節中，列出大衛是耶西的第八個兒子，而在歷代志上2章15節中又說是第七個兒子，就開始灰心沮喪。他們更不會因為拿單先知誠懇地核准了大衛王的建殿計劃，可是第二天卻變了卦，對大衛說上帝不讓他建殿，就因此信心受到打擊（撒母耳記下7章；歷代志上17章）。先知也會犯錯！

類似的實際錯誤也可以在懷愛倫的著作中看到，正如在聖經中所發現的一樣。上帝的眾先知所寫的，作為救贖指引乃是永遠正確的，但它們也可能會出現一些差錯。我們所得到的部分教訓是，我們要讀聖經和懷愛倫著作的中心教訓，而不是那些細節。我們已經在第7章談過這個問題了，第18章中我們將要涉及更多真實無誤的主題。

在此，需要記住，很重要的一點，那些為不能出錯和絕對永遠正確而爭論的人，其實是為了一個人為的問題而進行對抗。上帝從來沒有對聖經做過這樣的宣稱，懷愛倫對聖經和她的著作也沒有做過這樣的宣稱。聖靈啟示對她而言，乃是在救贖計劃中，神與人的關係，以及與「實際的目的」（1SM 19）都是相關聯的。我們需要讓上帝用祂的方式來跟我們說話，而不是把我們自己的標準置於上帝的先知之上，然後，如果在我們認為上帝應該成就的事上，沒有達到**我們的**期望，我們就拒絕祂。這樣的方法是人類的發明，是我們將自己的權威置於上帝的道之上，這就使我們成了上帝和祂話語的審判者。這樣的立場不是聖經的立場，也不是懷愛倫勸勉教會去遵循的方式。上帝將祂的道和懷師母的著作賜給我們，我們的閱讀要以上帝的目的為目的，而不是讓我們在現代所關注的東西，以及我們對目的和正確度的定義，介入我們與祂的眾先知之間。

朗格克（C.S. Longacre），長久以來一直是基督復臨安息日會在

宗教自由上的領導者，他在這一點上給我們留下了教導。他寫道：「你和其他對懷師母的證言已經完全喪失信心的人，把你們對『永遠正確』的標準加在她的著作和她所說的話上，但她從來都沒有給她自己和她的著作設立這樣的標準。由於她沒有到達你們為她所設立的標準，你們便自然而然地拋棄她，並試圖把她當成一個假先知。A.T.鐘斯和巴倫傑」，及其他「對懷師母的證言失去信心的人，所存在的問題是，他們採取極端的立場，要讓懷師母當真正的神和超人，又以同樣的立場對待她曾以任何形式說過和寫過的東西。當她在個人私下的信件中，及臨時所給出的勸勉上，沒有達到他們的錯誤標準，或沒有變成他們手中的『稻草人』時，他們就不再相信她，並給她烙上假先知的印記。在證言問題上，這就是大多數極端分子的最終結果。」（朗格克致科爾科特的信，C. S. Longacre to W. A. Colcord，1929年12月10日）

第 18 章

避免用勉言去「證明」
它未曾試圖證明的東西

懷愛倫從未宣稱，

主在她的著作品中提供了歷史的每一個細節。

聖經和懷愛倫的著作，

並沒有打算成為神聖的百科全書。

相反的，它們要揭示人類的絕望，

指出透過耶穌救恩所獲得的解決辦法。

在上一章中，我們注意到懷愛倫從來沒有主張她的著作或聖經，是透過聖靈的啟示而逐字寫下的文字，也從來沒本將她的著作和聖經歸納為「不能出錯或永遠正確」的一類。不論懷師母和她的兒子，如何努力地使人遠離有關聖靈啟示的強硬觀點，還是有不少人依然故我地採取這樣的立場。

本章是上一章的延伸。在本會的歷史中總有人試圖用懷愛倫的著作和聖經，來達到上帝從未想要達到的目的。他們還做出了一些凌駕於先知著作目的之上的宣稱。豪斯大加讚許地引用了另一位作者的話來達到這個效果，「那些著寫聖經的人得到了永遠正確的引導，這樣就能保守他們（在歷史和其他領域裡）敘述事實的時候，免於犯錯」（《聖經教義的分析研究》，*Analytical Studies in Bible Doctrine*，66頁》。就在最近，我所熟識的一個人寫道：「聖經在任何主題上所做的宣稱，都是絕對可信和可靠的，諸如：神學、歷史、科

學、年代、數字等等。」（《啟示與靈感的問題》，*Issues in Revelation and Inspiration*，第63頁）

　　許多人會為懷愛倫的著作做同樣的爭辯。結果，我們發現有人從她的著作中，去證實諸如歷史事實和日期之類的事。於是，哈斯科爾寫信給懷愛倫，表示他和他的朋友們所能說的：「比你在證言中堆砌出來——關於加爾各答歷史的那一段辭句更多。」（哈斯科爾致懷愛倫的信，1910年5月30日）

　　然而，**懷愛倫從未宣稱，主在她的著作中提供了歷史的每一個細節。反之，她告訴我們，她通常是從我們也能看得的資料中獲知歷史情況，之後才將這些內容寫進善與惡之間，歷代以來的鬥爭大綱中。**懷愛倫在《善惡之爭》中藉用歷史的資料，對善惡鬥爭有極好的描述。關於這本書的寫作，她在書的前言中寫道：「或許有史學家已經將一些事蹟做了簡短概括的敘述，足以提供讀者對其題目得到正確的概念；或有作者已將某些細節做了合適的總括，我就引用了他們的話；可是在所節錄的話中，有一些並沒有註明來源，因為我引用的話，並不是作為權威性的根據，只是因為這些話具有說服力。」她在諸如《善惡之爭》這樣的書中所要達到的目，不是要「發表多少有關以前戰爭的新道理，乃是要從歷史中，找出一些與將要來臨之大事的事實及原理的直接關係」（GC xii）。

　　關於理解她如何藉用歷史資料的目的，那些敘述才是至關重

要的。她的意圖是要描繪善與惡之間跨越時空之衝突的動態，那才是她的信息，歷史的實情僅僅是錦上添花而已。她並沒有試圖提供一些無可爭議的歷史資料。實際上，正如她所寫的，她用的那些「史實」乃是「新教人士所公認的」（同上，xi）。

若有人質疑她所使用之史實的精確性，她都會毫不猶豫地在她新版的書中進行修改。有一個關於鐘的案例時有好幾萬新教徒開始被屠殺。在1888年版的《善惡之爭》中（272頁），她順便提到那是查爾斯九世國王宮殿裡的鐘，是大屠殺的信號。但是，後來的歷史學家們提出，那實際上是宮殿對面的聖日爾曼教堂的鐘，還有歷史學家宣稱那是法院的鐘。

1911年修訂版的《善惡之爭》中，改寫了這段敘述，不再有歧義產生，「夜深人靜之時，鐘聲響起，那是大屠殺的信號。」（GC 272）鐘的本身不是問題，那天夜裡所發生的事情才是重點。1911年版本中其他內容的更動都是同樣的道理。

懷愛倫如何引用聖經歷史後的教會歷史事件，也同樣引用聖經歷史中的事件。因此，她才要她的兒子們請「瑪麗（威廉的妻子）幫我找一些聖經歷史的記錄，使我能掌握事件的順序。在這裡的圖書館裡，我什麼也找不到。」（懷愛倫致懷威廉和懷雅各的信，1885年12月22日）

懷威廉告訴哈斯科爾，「**母親從來不希望我們的弟兄們把她的著作，當作歷史的權威。**當《善惡之爭》初次完稿時，她常常

會對一些呈現給她的場景做局部的描述，當戴維斯姊妹（她的編輯助理）對時間和地點進行審查的時候，母親就讓她去查閱史密斯長老的書，及世俗的歷史記錄中已經寫出來的內容。**《善惡之爭》完成後，母親從不認為讀者會以此作為歷史料方面的權威，並用它來解決爭議，而且到現在，她也不覺得應該以這樣的方式來使用她的書。**母親對那些誠實的歷史學家懷有極大的敬意，他們用畢生的精力，研究上帝在這個世界歷史中的偉大計劃，並且他們在研究中已經發現了歷史與預言之間的一致性。」（懷威廉致哈斯科爾的信，*W.C.White to S.N. Haskell* 1912年10月31日；參閱3SM 446, 447）

在同一封信中，懷威廉警告哈斯科爾，「我們對母親著作的主張超過她對自己著作的主張，就有損害她著作的危險。」正如我們在第十七章所看到的，懷師母看到這封信之後，就附加了一條評論說：「**我贊成這封信裡面所表達的觀點**」（同上），並簽上了自己的名字。

二十年之後，懷威廉寫道：「在我們與她（懷愛倫）的談話中，談到了有關她從歷史學家那裡所引述之內容的真實性和精確性，她表示她對自己所引用的那些歷史學家有信心，但從來不同意少數人把她的著作當成標準，並用她的著作來證明一個歷史學家是正確的，而否定另一個歷史學家。此事給我留下的印象是——從歷史學家那裡摘引一個段落，首要的用途不是去製造一段新的歷史，也不是去糾正歷史的錯誤，而是用有價值的闡述使重要的屬

靈真理更加清晰。」

　　「如果我們的弟兄們，努力從懷姊妹的著作中，去獲取她努力注入著作的精髓；如果他們放棄企圖利用這些著作，去進行唇槍舌劍的辯論，那麼就會有更大的祝福臨到我們眾人。」（懷威廉致傅儒姆的信，W. C. White to L. E. Froom，1932年2月18日）

　　我們不但需要避免用懷愛倫來「證明」歷史學的細節，同樣的警告也必須用在自然科學的細節上。我這樣說並不是暗示懷愛倫的著作缺少科學推論的準確度（就這一點而言，聖經也如此），而是說我們不可試圖去證明其中的科學細節。

　　讓我舉例說明。有人宣稱，約翰・加爾文（John Calvin），這位十六世紀偉大的改革者，反對哥白尼發現地球繞著太陽旋轉的，其根據是詩篇93篇1節，「世界就堅定，不得動搖。」與此類似的，還有許多人指出，聖經說地有四個角，還說太陽「升起」又「落下」。在這些例子中，聖經不過是在做一些附帶的評論，而非設立科學的教義。

　　再舉一個例子，如果我們在二十世紀用聖經來「證明」兔子是「反芻」的（申命記14：7），恐怕我們會陷入麻煩之中。看來復臨信徒領袖科爾科特（W.A. Colcord）是正確的，他寫道：「自然歷史（自然科學）使我們明白兔子不是反芻的動物，只不過是抖動牠的頸部，模仿那些反芻的動物罷了。」（科爾科特致普德漢的信，W. A. Colcord to B. F. Purdham，1892年7月6日）

　　我們在懷愛倫的《教育論》中發現了另一個例子，她說，不單是月亮，就連眾星所發出的光也是反射太陽的光。這不僅不能視為新的科學發現，從另一個方面說，這就是一個嚴重的科學錯誤。在我看來，我們應該把這段話當作她在闡明一個有根據的論點時，一次隨便的議論。請記得！重要的是她的中心思想，而不是例證。

　　讓我們查考這段摘錄的上下文：「我們盡可以追溯世上教師的關係，直到人類初有記錄之時；但那『光』仍在他們之先。太陽系的月亮和眾星因反射太陽之光而發光；同樣，世上一般大思想家，就其所教授的真理而言，亦無非反射那『公義的日頭』之光線而已。每一思想的結晶，每一智慧的煥發，都是從『世上的光』而來。」（Ed 13, 14）她的中心思想不但清晰，而且很有根據。上帝是一切真理的終極源頭。我們需要記住，我們應聚焦在上帝的先知所告訴我們的中心點上，而非邊緣上（參見本書第7章）。

　　懷愛倫的經歷中，最後有一個例子應該能幫助我們，充分謹慎的在懷愛倫著作中的科學細節尋求證明。貝約瑟（Joseph Bates）是與懷雅各和懷愛倫一同建立基督復臨安息日會的人，他最初很懷疑懷愛倫先知事工的真實性。貝約瑟的轉折點是1846年11月在緬因州托普瑟姆的一次異象之後。在異象中懷愛倫提供了她在過去一無所知的天文學信息。貝約瑟，一位懂得天文學的前水手，後來盤問她在這一領域裡的認識程度，發現她所知非常有限，於是

就下結論說，上帝的確在異象中把最新的天文學知識賜給了她。這個經歷之後，貝約瑟就成了懷愛倫事工中的一個堅定信仰者。

我在這裡要說的是，異象所提供的信息並不是眾行星有多少顆衛星，儘管貝約瑟在盤問中相信這是最終的結論。反之，異象所提供的有關天體數目的信息，是1846年通過望遠鏡所能看見和印證的。更強大更現代的望遠鏡已經發現，由懷愛倫所描述，被貝約瑟所認定的那些行星，還有其他的衛星圍繞其側。如果懷愛倫在異象中所見的，是我們現今更強大的望遠鏡所揭示出來的，那麼她所說的，將會是堅定的語氣，而非只是消除貝約瑟的懷疑罷了。異象與那個時代所掌握的資料是平行的，而非絕對的科學事實。很明顯的，在這個經歷中，上帝的目的是要在貝約瑟的心中建立對異象的信心。如果根據這個異象的數據，去證明某些行星有多少顆繞行的衛星，就愚不可及了。

請記得！對於那些科學和歷史的內容而言，聖經和懷愛倫的著作並沒有打算成為神聖的百科全書。相反的，它們要向我們揭示人類的絕望，然後指出透過耶穌救恩所獲得的解決辦法。在這個過程中，上帝的啟示提供了一個框架，我們能在其中認識從別處學來的零碎歷史和科學知識。

第19章

確認懷愛倫是否真的說過

要試驗懷愛倫敘述的真實性，
最保險的方式是查問其原出處。
一旦我們知道在哪裡可以找到這些敘述，
就能查出懷愛倫是否說過這樣的話，
也就能細查措辭和上下文，
以確認她的解釋是否正確。

「你怎麼看待懷師母談論在考驗期結束之前,要對144,000人進行特別研究的重要性?」聽眾中有一個人問道。(參見啟示錄14:1~5;7:4)

幸好,我知道這個問題的答案,她所說的正好與此問題相反,我們沒有必要這樣做。我們應該集中我們的精力,研究在聖經中有清楚教導的內容(參見1SM 174, 175)。簡言之,她從未說過,研究考驗期結束之前那144,000人的身分是一件重要的事情。

這個敘述,與其他許多的敘述,都是懷愛倫偽著的一部分。你可能會想,**什麼是懷愛倫偽著**?就是那些以她為原作者所發表的敘述或觀點,卻找不到任何文件的支持,其實並不是她自己發表的。

這類敘述還在大量流傳,顯然都把偽著中的錯誤歸在懷愛倫身上了。那我們如何鑑別這類敘述呢?對那些熟悉懷愛倫著作的

人而言，識別這些假冒敘述的第一條線索是——這些敘述常常與她思想的基本路線不一致。就是說，將這些敘述與她大多數的觀點相對照時，這些敘述看起來很奇怪，似乎不是從她嘴裡說出來的。當然，奇怪的感覺不能作為我們處理假冒敘述的依據。這只是一種跡象。

要試驗懷愛倫敘述的真實性，最保險的方式是查問其原出處。一旦我們知道在哪裡可以找到這些敘述，就能查出懷愛倫是否說過這樣的話，也就能細查措辭和上下文，以確認她的解釋是否正確。

通常在週末的研討會上，都會有人問我一些與懷愛倫敘述有關的問題，但那些問題聽起來卻很奇怪。我唯一能告訴那些提問者的是，把出處指出來，我會去查考它的真實性，然後以寫信或打電話的方式告訴他們結果。一般情況下，他們都沒有出處，因為他們所說的內容並不存在。但有時候他們會找到原出處，例如：1895年7月24日的《評閱宣報》第30頁。這樣的引用因其精確性而令人印象深刻。但同樣確實的是，這些引述常不是原汁原味的，就是從帶有偏見的眼光及錯誤的摘引中而來的，以致於其含意也與懷愛倫的意圖大相逕庭。

這些假冒的敘述是如何成立的呢？懷亞瑟在《懷愛倫著作綜合索引》中，指出了至少五個途徑：(1)錯誤的記憶；(2)不正確的聯想；(3)脫離背景的摘錄；(4)假冒的作品；(5)純粹的虛構（3:3189-

3192）。

這些錯誤也許是出於真誠的，也可能是出於意外的，或者在少數例子中可能是出於惡意或別有用心的。然而，這一切卻都會讓人產生誤解。

就如這本書所面對的大多數問題一樣，這個問題也是在懷師母在世的時候就被提出來了。她對這個問題最完整的敘述，出現在《教會證言》第五卷692至696頁上。所有懷愛倫著作的讀者都可以更有利地去查考，她說：「不要輕易相信這些傳言。」（5T 694）她用以下的話結束了這個問題的討論，「我要對一切渴望真理的人說，不要相信那些未經證實的傳言，他們總說這是懷姊妹做的、說的，或寫的。如果你們想知道主藉著她所啟示的是什麼，就去讀那些已經出版的書吧！……不要輕信，也不要報導那些懷愛倫如此說的傳言。」（5T 696）

1904年懷威廉提出了下面這段類似的忠告：「願每一個聽到這些流言的人都能說：『我得到警告，不要去注意這些謠言，我不能把它當作懷姊妹的敘述來接受，除非你能告訴我它是出自什麼著作，並有她的簽名。我會寄給她，問問看是不是真的。』」（懷威廉致賽德勒的信，1904年1月20日）

當然，懷威廉所講的是她沒有出版的信函，而非已經出版的書籍和文章，但他的觀點卻十分清晰。我們現在已經不可能再「寄給她」去確認了，但我們可以與總會的懷愛倫著作託管委員

會聯繫，或到最近的懷氏著作研究中心，去驗證一段敘述的真實性，或查問我們可能有的其他問題。有太多人沒有利用電話、郵件，或傳真服務，去做查證的工作。

與那些被錯誤地歸於懷愛倫的敘述緊密相關的，是懷愛倫的先知性延伸的問題。有些人經年累月的用懷愛倫的敘述來暗示，她對某些作者或傳道人的大力支持，就是認可了他們的作品或觀點，也具有某種先知性的權威。

結果，當有些人讀到，「天上的使者在他（馬丁・路德）旁邊，由上帝寶座而來的光芒將真理的寶藏啟示在他裡面」（GC 122）時，他們就相信路德的那些觀點如同一個先知的觀點，都是得自聖靈的啟示。雖然懷愛倫的確主張上帝使用了路德，並且天使也在他的工作上引導了他，但因此推斷她贊同路德所有的神學，就是一個錯誤。

類似的例子，還有威廉・米勒耳（William Miller）。關於他，懷愛倫寫道：「上帝差遣祂的使者去感動一個農夫的心，此人過去並不相信聖經，並帶領他去研究預言。上帝的使者多次造訪這個蒙揀選的人，引導他的心思，使他能理解過去無人明白的預言。」（EW 229）這些話，雖然暗示懷愛倫對米勒耳的一般性理解，給予了先知性的支持，卻不可以將此解釋成她相信米勒耳在所有問題上都是正確的。例如：在2300日結束時聖所被潔淨的問題上，她與米勒耳的看法有顯著且明確的區別。

很有趣的一點是，1888年在明尼阿波利斯的復臨信徒鬥爭中，人們將雙方的領袖都視為懷愛倫先知性權威的延展。據說懷愛倫曾聲明，烏利亞·史密斯（Uriah Smith）在寫《但以理書和啟示錄》（Daniel and The Revelation）的過程中，曾得到天使的幫助，一些人聽到這句話，就將此書視為幾乎是從聖靈啟示得來的一般，並且不可予以修訂。畢竟，她不是推薦「這本書應該發往各處」（Lt 25a，1889年）嗎？她不是寫道：「《但以理書和啟示錄》、《善惡之爭》、及《先祖與先知》……這些書中的思想，包含了人必須掌握的信息，上帝已經賜給祂百姓特別的亮光。上帝的使者會在人的心中，為這些書籍預備道路」（CM 123, 124）嗎？

這類的論述，導致懷威廉對史密斯所產生的預言影響力，稱之為「永遠正確的教義」（懷威廉致瓦格納的信，W. C. White to J. H. Waggoner，1889年2月27日），並促使許多人堅持認為，史密斯的作品不應該被修訂，因為此書曾獲得懷愛倫的大力支持。因此，就有人把史密斯關於但以理和啟示錄的論述，當作一種懷愛倫先知性的延伸。他們暗示，我們不應該質疑或改變史密斯的觀點，因為這些觀點已經得到了先知性恩賜的認可。

另一些人也以同樣的邏輯，來對待A. T. 鐘斯和E. J. 瓦格納（Ellet J. Waggoner）的教導，他們是1888年總會大會上史密斯的反對者。因為懷愛倫再三支持這兩個人，並用明白無誤的話說，上帝差遣了他們兩人，他們有「一道最寶貴的信息」（TM 91）給復臨信

徒的教會，有些人就認為直到大約1896年，她幾乎是完全支持他們的神學。因此，瓦格納和鐘斯也被視為先知性延伸的候選人。

但是，就像路德、米勒耳、史密斯的例子一樣，我們在此必須小心仔細。首先，若要他們能聽見鐘斯和瓦格納的信息，懷師母就必須發表強烈的聲明來支持，因為有總會的領袖不公正地反對他們。其次，他們關於耶穌和因信得救的信息，是復臨教會極其需要的。第三，懷愛倫多次聲稱，她並不贊同他們所有的神學。例如：1888年11月，她對聚集在一起的總會代表們說：「瓦格納對於聖經的一些解釋，我不認為是正確的。」（1888年材料，164頁）然而，她並沒有說明她贊同和不同意的部分。

總結，在除了懷愛倫之外，並沒有任何人有所謂先知性的延伸。利用她的著作創造這樣的延伸會誤導人。如果人們真的想要知道她所相信和所教導的內容，他們就應該聽她的勸告：「如果你們想知道主藉著她所啟示的內容，就去讀那些已經出版的書吧！」（5T 696）

第20章

另外幾個解釋的原則

一、承認聖經和懷愛倫著作中的比喻修辭法。

二、根據本身的意思，來解釋受聖靈啟示的語言。

三、聖經和懷愛倫的著作本身會解釋自己。

四、對懷愛倫或聖經所做的任何「新或獨特的」解釋，都應小心。

五、絕不要去辯論懷愛倫保持沉默的問題。

我們已經用了14章的篇幅，來探究懷愛倫著作的基本解釋原則。在結束這個討論之前，我們還需要簡要地介紹另外幾個要點。

第一個，我們應該知道，懷愛倫和聖經的作者們有時會使用誇張和比喻的修辭方法。正如使徒約翰所寫，「耶穌所行的事，還有很多，若是都一一的寫出來，我想所寫的書，就是世界也容不下了。」（約翰福音21：25）還有，我們在希伯來書11章13節中讀到，「這些人**都是**存著信心死的，並沒有得著所應許的，」但是，很明顯的，**並非所有人都死了**，在所列舉的人中，以諾就沒有死（5節）。但以理書則以類似的方式，用比喻的修辭法來形容爐的熱度是平常的七倍（但以理書3：19），並且這些希伯來的傑出人物（但以理書1：20），勝過其他接受尼布甲尼撒詢問的年輕人十倍。這些比喻不過是指出熱度更高，及希伯來年輕人確實更為優秀而

已，並不是在談論智商的百分比或可測量的溫度。

　　當然，總有人以狂熱盲信的解釋作為結束，因為他們拒絕承認聖經作者們所使用的是比喻修辭法。在這群人中就有厭惡馬丁‧路德的人，因為路德發現一些老人在街上玩鐵環，根據福音書中表示，你們若不回轉變成小孩子的樣式，斷不得進天國。同樣的事也發生在「復臨信仰的大失望」後，有些人摒棄使用刀叉；購物時，在鎮上到處爬行，就是為了證明他們有小孩子的樣式，可以成為天國的一分子。**某些類型的狂熱盲信分子，拒絕承認聖經和懷愛倫著作中的比喻修辭法。**

　　研究懷愛倫對人類最高呼召的評述，有助於我們了解她是如何最高程度地使用文字手法，來激勵各式各樣的人忠於他們的呼召和天賦。她說老師和母親的工作是世界上最重要的工作。但她也在不同的地方寫道，醫師、傳道人，及出售屬靈書籍的人所做的工作，也是世界上最重要的。她甚至還說那些在巴特溪大學做飯的廚師，在機構中所處的位置是「第一」重要的（FE 226）。在這些敘述中，當她突出以個人的天賦來榮耀上帝的重要性，試圖以此激勵不同的人竭盡所能地為主擺上時，她並非在設立一種演算法，要看哪一種工作是真正**最有價值**的。當然！如果人非要這樣做，他們就可以把許多敘述互相對立，但這種做法顯然是徒勞無益的。

　　懷愛倫也使用這樣的短語，二十分之一（五次），百分之十（一

次），五十分之一（一次），還有百分之一（二十三次）。這些仍然像是比喻修辭法，而不是比率的精確敘述。例如：她從來沒有說過十三分之二或十八分之一。

若不加以考慮比喻的修辭方法，可能會使我們在讀懷愛倫著作和聖經時變得過於僵化（或過於嚴格以近苛求）。在教會歷史中曾發生一些嚴肅的事件發生，一些人拒絕了聖經使用比喻修辭法的觀點，結果在面對某些試探的時候，就有剜出右眼的，砍下右手的，或閹割自己的。

當基督徒們關起門來「吃」耶穌的肉，「喝」耶穌的血時，羅馬的異教徒們立即下結論說，基督徒是食人族。但我們若明白上帝的先知們在他們的著作中使用了比喻修辭法，就不會做出這樣的結論了。

第二個有益的原則，我們應該根據其本身顯而易見的意思，來解釋受靈聖啟示的語言，除非這些語言中使用了符號或象徵物（見GC 599）。有些人因為讀那些簡單的散文時，帶入了象徵性的的概念，於是就得出充滿幻想的結論。

第三個解釋的原則，與前一個緊密相關，就是聖經和懷愛倫的著作本身會解釋自己。正如懷愛倫所寫，「聖經是其自身的解釋者。一節經文會證明為一把開啟其他經文的鑰匙，這種方式可以使隱藏在文字中的意思被顯明出來。藉著比較同一主題不同的經文，查考這些經文所側重的各個方面，聖經的真實意思就可以

顯明了。」（FE 187）對於她自己的作品，她也有類似的話。我們讀到，「證言自身就是解釋所給之信息的鑰匙，就像以經解經一樣。」（1SM 42）

這個原則在我們遇到那些似乎比較晦澀的敘述時特別有用。通常會使我們去查考這個主題上的其他段落。這些敘述常常會從另一個角度來探討主題，並且有時候還能提供消除第一個敘述晦澀不明之處的信息或洞悉。

還有一點很重要，就是要讓懷愛倫在一個主題上所發出的一般性勉言，為了寫給某個人的勉言提供一些基本的概念。請記得，對於任何似乎是與懷愛倫著作的要旨或聖經的勸勉不一致的解釋，都要小心。這些明顯異常的解釋，通常都表示這個主題有進一步研究的必要性。

第四個原則，對懷愛倫或聖經所做的任何「新的」或獨特的解釋，我們都應該小心。我們在本書前面已經提過，有一些不同類型的人總是在尋找新奇的東西，甚至他們都還不清楚已經得到確認亮光的核心真理。這類學生常常一意孤行。與那些對聖經和懷愛倫的著作富有經驗的人合作，能使我們免吃許多苦頭。1863年懷愛倫寫信給一個人說：「你必須克制你原來的脾氣。你必須依賴團體的信仰，否則你就會損害上帝的工作，並傷及真理。講道的人或其他人都不應該自以為是地鼓吹新的觀點。所有的新觀點都應該被徹底研究並做出決議。假如這些觀點中有任何重要

性，都應該得到團體的採納。如果不是這樣，就要予以否決。」
（Lt 8，1863年）

在另一處，懷師母寫道：「人都不要自信，好像上帝已經賜給他們特別的亮光，超乎他的眾弟兄一樣。基督被描繪為是住在祂百姓中的一位。」

「那被某弟兄認為顯然無害的亮光，並不像看上去那樣對任何人都沒有傷害。弟兄，這乃是撒但的策略，是插進來的楔子。這種方法已經被一次次地嘗試過了。一個人接受了一些新穎獨特的觀念，似乎也與真理不衝突。他對此大加談論並仔細研究，直到這些觀念對他似乎成了既美麗又重要的東西，因為撒但有能力製造這種假像。最終，這些觀念變成了吞沒一切的主題，一道偉大的真理，其他的一切都要以此為中心。」

「對我們任何一個人來說，唯一的安全之策是在沒有提交給有經驗的弟兄們之前，不接受新教義，不接受對聖經的新解釋（對懷愛倫的著作也如此）。要以謙卑受教的精神，把問題帶到這些弟兄們的面前，誠懇地禱告；如果他們認為其中沒有亮光，就服從他們的判斷；因為『謀士多，人便安居。』」（5T 291-293）如果我們更經常地遵循這個忠告，就會在復臨教會中，並在許多懷著讀者的生命中，防止大量的混亂。

最後一個原則，我們絕不要去辯論她保持沉默的問題。也就是說，我們不能因為我們確定懷愛倫在某一個主題上所說的內

容，即使她曾經反對（或支持），就假定內容是真的。例如：儘管她
知道克洛格的泛神論思想有很多年了，但她對此見解什麼都沒有
說，也是因為她在1890年代後期或1900年代早期，沒有把這個問
題提出來，克洛格就假定她是同意他的。但克洛格的這個結論，
就像他最終所發現的，與事實相去甚遠。

　　對復臨信徒歷史的研究證明，與許多人一般的印象相反，
懷師母甚至在一些重要的問題上常常都是沉默的。她經常忍住不
說，直到她從主那裡得到了關於某一主題的明確話語。因此，在
很長一段時間內，她都沒有對費安娜（Anna Rice Phillps）所帶來，具有
潛在毀壞性的情形發表評論，此人在1890年代宣稱自己是一個先
知。1893年11月1日，她寫道：「有關費姊妹事情的信件，已經呈
現在我的面前，詢問我對此事的看法。關於這件事，只要我沒有
特別的亮光，我就不認為可以去鼓勵或譴責。……我決定讓事情
繼續發展。」（Lt 54，1893年）

　　在懷愛倫保持沉默的問題上進行辯論是不可靠的。我們必須
研究懷愛倫已經寫出來的內容，即使這樣，我們還必須遵循合理
的解釋原則。我們已經在本書用了很大的篇幅，分析解釋懷愛倫
著作的一些原則。關於懷愛倫著作的閱讀，我們現在要開始著手
下一個重要的步驟，即應用我們所讀到的概念。接下來兩章我們
將以此為主題，思考如何把我們所領受的，應用到我們自己和其
他人的身上。

無論還有多少年日，我的著作都將繼續說話，直到末時。

【第三部分】

應用的原則

【第**21**章】

將勉言應用於我的生活上：
忠誠信實的問題

某些閱讀者所做的，就是禿鷹和兀鷲的事，

他們的食物是別人和教會的過錯與缺點，

因此，我們必須問問我們自己，

為什麼要讀懷愛倫的著作。

我們必須坦率地面對自己的焦點和動機。

1907年懷愛倫寫道：「無論我還有多少年日，我的著作都將繼續說話，一直到末時。」（1SM 55）這些著作確實在繼續說話。然而，其主要功能不是籠統地說話，而是對我的生命、我的境遇，及我的心說話。我的第一個責任，不是試著把懷愛倫的勸勉應用到別人的身上，而是來檢驗我自己的生命，看她的著作如何能使我的生命更豐盛。

我們讀到，「我蒙聖靈指示，藉著說話和寫作提出一些普遍性的原則，同時明確指出一些人的危險、錯誤及罪惡，使所有人都得到警告、責備、勸勉。我看到，所有的人都應該仔細省察自己的心靈和生活，並看看自己是否也有在別人身上被糾正的錯誤，是否還沒有將那些給別人的警告應用到自己身上。所有人都應該覺得那些勉言和責備是特別給自己的，也應該像是特別說給自己聽的一樣，將勉言實際地應用出來。」（2T 687）

我們還讀到，「既然證言中給個人的警告和指示，對運用在其他沒有特別指定的人身上，也具有同等的效力，所以，為了教會的益處，把給個人的證言印製出來，似乎就成了我的本分。」（5T 658, 659）「如果有人因為一個特別的錯誤而受了責備，弟兄姊妹們應該小心地檢查自己，看看自己在哪裡失敗，在哪裡犯了同樣的罪。……在對某人的罪進行譴責時，上帝的計劃糾正許多的人。」（2T 112）

在上述的摘錄中，懷愛倫對譴責和警告所敘述的內容，也適用於應許和祝福。上帝在聖經和懷愛倫的著作中，賜給祂百姓的信息，其目的是要從各方面幫助我們，使我們不但在地上有一種更快樂、更健康、更健全的生活，而且還要把我們帶向一個新造的世界。

有一點要記住，**上帝的信息乃是給我的**。我的首要任務，就是將其應用到我個人的生活中。

但我必須承認，有時候我不喜歡上帝所說的話。或者說，有時候我只喜歡部分的信息，其餘部分則不然。如果這是真的，那我就和那些眾所周知的復臨信徒是一夥的。懷愛倫在她生前就談論到了這種情形。1891年，她寫信給某人時提到：「當證言符合你的目標時，你就好像相信了，從中摘錄一些內容，來加強希望能達到你目的的敘述。但是，當所賜的亮光要糾正你的錯誤時，又如何呢？你會接受亮光嗎？當證言所說的與你的觀點相反時，

你就報以漠然處之的態度了。」（1SM 43）

　　還有一次，她提到了一些人，「他們膽敢在這個問題上劃出界限，表示這個使我感到滿意的部分是出自於上帝的，而指出並譴責我行動方針的部分，則是出自於懷姊妹自己的，並沒有神聖的印記。事實上，你這樣做，就是拒絕了全部的信息，這信息是上帝因祂溫柔慈憐的愛而傳給你，要把你從道德的毀滅中拯救出來。」（3SM 69）

　　我們得誠實地面對自己。上帝或許已經藉著懷師母說話了，也或許祂並沒有這樣做。如果祂藉著懷師母說了，那我們就有必要盡可能誠實地，把她著作中的勸勉應用到我們的生活中。但我們應該始終如一。我們不應該像她在1863年所寫的那些人一樣，他們「表示相信所給的證言」，又「把這些證言當作鐵的規則去傷害」別人，而「他們自己卻沒有實踐出來」（1T 369）。

　　1901年懷愛倫對一個復臨信徒的領導小組說：「別再吹毛求疵了，我看夠了禿鷹，也看夠了兀鷲，牠們尋找和關注的乃是死屍；但我們……卻不想要這個。我們不要對別人一而再而三地吹毛求疵。要專注於永遠為首的一位，你就擁有了你所要做的一切。如果你專注於永遠為首的那一位，如果你願意藉著遵行真理來淨化你的靈魂，你就有了可傳授的東西，你就有了傳給別人的能力。上帝幫助你們！我懇求祂幫助你們，幫助你們當中的每一位，也幫助我。」（MS 43a，1901年）

　　這是一段極好的忠告。**因為長久以來，懷愛倫的一些讀者所做的就是禿鷹和兀鷲的事，他們的食物是別人和教會的過錯與缺點，我們首要任務是檢查自己而不是別人。**

　　關於這一點，**我必須問問我自己為什麼要讀懷愛倫的著作。我必須坦率地面對自己的焦點和動機。**我常常發現自己會說：「這段勸告太好了，真適合我的妻子、或我的牧師、或我的鄰舍」，其實上帝一直希望我能打從心底說：「這正是我所需要的勸勉，因為我正為此而掙扎！」

　　簡言之，我需要以這種方式來閱讀她的著作，使上帝有能力對我的心說話。我必須把糾正別人的想法擱置一旁，僅讓上帝在我的生命中做祂要做的。我需要為清晰的視力而禱告，這樣我就能不僅帶著真誠來閱讀，還能在我日常生活中以有意義和益處的方式來應用勉言。這不但需要我付出真摯和奉獻，還要有上帝聖靈的能力！

第22章

將勉言應用在別人身上：
愛中關懷的問題

當人開始對別人、對教會、

對其他各種事情產生批評時，

就是出現了偏離開健康基督徒道路的第一個跡象。

基督的靈乃是哀慟、關懷、和愛的靈，

而非自以為義的批評。

馬太福音7章1-5節說：「你們不要論斷人，免得你們被論斷。……為什麼看見你弟兄眼中有刺，卻不想自己眼中有梁木呢？你自己眼中有梁木，怎能對你弟兄說『容我去掉你眼中的刺』呢？你這假冒為善的人！先去掉自己眼中的梁木，然後才能看得清楚，去掉你弟兄眼中的刺。」

眼睛手術是非常精細的任務，需要極大的柔和與愛心。我們渴望人能柔和地對我們，而金科玉律卻跟我們說，我們**必須**對別人柔和。

根據登山寶訓和我們在上一章所讀到的，有時的確需要幫助別人以更完整的方式來明白真理，然而，只有我們看見了自己的救贖，且感謝上帝把我們從絕望的坑中拯救出來，軟化我們的心，我們才能做這件事。

從歷史上來看，教會所面對的最大問題之一，就是有一些人

從來未曾經歷過絕望的深坑。這些「聖人」通常相當尊重他們屬靈的造詣，並覺得有資格譴責那些沒有達到他們「高度」的人。他們有著由來已久的傳承，即他們帶有法利賽人的靈。

懷愛倫用她一生的時間與這個靈爭戰。她甚至拒絕出版「一些都是事實的內容，……因為我怕有人會利用它們去傷害別人。」（Lt 32，1901年）

儘管她在生命的許多領域裡都有很強的信念，但她仍給人自由（包括那些與她生活在一起的人）做出他們自己的決定。例如：她論到健康改良，「我家裡有人吃的東西和我吃的不一樣。我沒有把自己當成他們的標準。我讓每一個人按照他們認為對自己最好的方式去做。我不用自己的是非之心去捆綁別人的良心。一個人不可以在吃什麼的事情上成為其他人的標準。訂立一個規定讓所有人都來跟從，這是不能接受的。」（CD 491；參考MH 320；3SM 294）

但是，並非所有懷師母的跟隨者們都像她一樣和藹可親。結果，她寫道：「**撒但的願望和計劃是把一些人帶到我們當中——就是那些心思狹窄，好走極端的人；那些好批評且魯莽的人；那些固執地對真理抱持一己之見的人。他們會變得十分嚴苛，試圖強迫人擔負嚴格責任，在一些次要的事情上不遺餘力，卻忽略了律法上更重大的事——審判、憐憫和上帝的愛。**」（MM 269）

在復臨信仰的各方面，撒但都擁有在狂熱盲信的事上煽動極端主義的人。也許（正如本章的許多摘錄將要證明的）沒有一個領域像健

康改良領域那樣，有這麼多極端主義的狂熱分子。懷愛倫對一個鼓吹者寫道：「**我的弟兄哪，在飲食的問題上，你不應為上帝的子民立一標準；以免他們會在那些矯枉過正的道理上失去信心，主切望其子民在健康改良的每一點上純正不阿，但我們切不可趨入極端。**」（CD 205）她又寫道：「我們應該當心，即使是正確的觀點，也不要過分地急迫進行。」（同上，398）

也許對懷愛倫勉言最根本的誤解，是出現在1991年第一季的《改革先驅》（Reformation Herald）中。在一篇題為〈末日肉體的食物〉的文意中，編輯收集了大量的相關敘述，都是懷愛倫主張不應該用來作測試的，包括飲食、服裝革新、吃肉、養豬等範圍。

那個編輯承認懷愛倫的敘述是有一定範圍的，但之後就爭辯說，時代已經改變了，現在這一切都確實成為對人們的測試。他武斷地表示：「在過去的時代，教會所採用的寬容標準。……由於懷姊妹『不作為測試』的勉言，只是暫時的寬容措施，而不是永久的法律，我們就要以對待**其他罪惡**的方式來對待吃肉的問題。我們告訴涉及此類問題的人，如果他仍要作為改良運動的一員，就必須犧牲他的偶像。……不正當的食慾乃是罪，也包括吃肉在內。」

在新約聖經中有很多關於這個問題的意見（比如羅馬書14：7和21：9－12），並且懷愛倫也有許多適度的評論，但這些人卻非要推行最極端的解釋。

　　但有些人會疑惑的認為，如果懷愛倫今天還活著，她難道不會驅策這樣的方向嗎？要回應這個問題，我們必須思考幾個重點。第一，她已經不在了。關於她的勉言，我們所擁有的就是她已經寫出來的內容。此外的任何內容都是他人的推測。第二，她一貫反對把他們自己的道理與她的勉言混合在一起，致使她的觀點延伸到極致的人。第三，她所寫的內容，都使人遠離上述極端主義分子所推薦的行動方式。

　　我們讓懷師母為她自己說話吧！「你，或任何其他受了蠱惑的人，會把某些有很大力量的聖經排列起來（同樣的原則也適用於對懷愛倫的摘引），並按照你自己的意思來應用。任何人都能曲解和誤用上帝的道，公然抨擊一些人和事，然後說那些拒絕接受他信息的人，就是拒絕了上帝的信息，並且決定了那些人永遠的命運。」（1SM 44）

　　她在另一處說：「當你引用證言的時候，不要覺得你的本分是讓人理解它們。你讀的時候，要確信沒有把你的話加進去；因為讓聆聽者在主對他們所說的話和你的話之間做出區分，是不可能的。」（GW 374）勉言中混入了人的話，再加上沒有把完整的文字和歷史背景考慮進去，成為使懷愛倫的勉言遠離本意之人極為狂熱盲信的核心原因。

　　這種極端主義往往阻擋忠實的信仰者。懷師母評論說：「我看見上帝顯示出人的罪和錯誤，卻被另一些人利用了。他們對異

象中所顯示出來的內容採用了**極端的含意**，然後不斷加以強調，以致產生出一種趨勢，削弱許多人對上帝所顯示內容的信心，也使教會受到阻礙而氣餒沮喪。」（1T 166）

懷愛倫多次聲稱，這些極端主義分子缺少上帝的愛，所行的事傷害大於益處。1889年她寫道：「許多人的宗教就在於批評人穿衣戴帽的習慣和方式。他們想用自己的量器來衡量每一個人。……**在他們的心裡已經失去了上帝的愛，可是他們卻覺得自己有辨別的靈。**他們認為批評和發表意見才是他們的特權；可是他們所應該做的乃是為他們的過失悔改，離開他們的罪。……讓我們彼此相愛……讓我們注目仰望那在耶穌裡為我們存留的亮光。讓我們記得祂對做錯事的人類孩子們是何等的寬容和忍耐。如果天上的上帝用我們彼此相待的那種傾向來對待我們，那我的處境可就悲慘了。」（RH，1889年8月27日）

當人開始對別人、對教會、對其他各種事情產生批評時，就是出現了偏離健康基督徒道路的第一個跡象。基督的靈乃是哀慟、關懷、和愛的靈，而非自以為義的批評。

對於那些錯誤使用懷愛倫著作之人，也許以下這段話就是她最有力的敘述。對懷師母的著作有興趣的讀者，可以在《信息選粹》第三卷283－288頁中讀到完整的內容。由於這對於我們的討論非常重要，所以我們的摘錄比較詳細。

懷愛倫說：「有人抓住了證言中關於健康改良的亮光，並把

它作為一個測試。他們從一些關於飲食的文章中，把為了警告和指示某些人所寫得且令人不愉快的敘述選摘出來。……他們詳細論述這些內容，並盡可能使之變得強硬，把他們自己品格上特有令人討厭的特性，交織在這些敘述之中，又強力傳達這些內容，把這些內容作為一個測試加以操縱，他們帶來的只有傷害。」

「人最缺少的是基督的柔和與謙卑。極其需要的是適度和謹慎，但他們卻不具備這些理想的品格特徵。他們需要上帝把模子加在他們身上。這樣的人進行健康改良，只會因他們的偏見給健康改良造成極大的傷害，以致於人們的耳朵都要向真理關閉了。」

「**我們看他們從證言中選摘出最強烈的敘述，但對於發出這些警告和勸誡的情況不作任何說明，就強行把它們運用到所有的情形中去了。因此在人的心中造成了不良的印象。有些人總是能抓住人個性上的弱點來控制他人，使他人接受嚴格的測試，還有人則把他們自己的好惡帶進了改革。……他們全力工作，向人發動襲擊。從證言中挑出一些東西，迫使所有的人都來接受，結果不是贏得靈魂，而是令人厭惡。他們本應製造和平，卻做了分裂的事。」**

「**讓證言為其本身說話吧！不要再讓人以那些最強烈的摘錄敘述，強推給個人和家庭。**」反之，當「他們自己的心被基督的恩典軟化和征服，他們自己的靈變得謙卑並充滿人情味時，他們

就不會引起偏見，也不會製造糾紛和削弱教會了。」（3SM 285-287）

懷威廉不得不處理許多試圖把懷愛倫「簡明的證言」當作通條來用的人。1919年，他談論到一群正準備出版一本獨立彙編的人。他寫道：「這群人之中，有些人的工作在我看來，就像人在鍛製鐵的規則，並拿來衡量他們的弟兄。有些人則相當熟練地說出丹尼爾長老（總會會長）在何處有不足；諾克斯（總會司庫）在何處未能達到標準；喬治·湯普森在何處有問題。當我遇見這些人並與他們交談的時候，我並不想去證實他們斷言其他人的錯誤是不正確的，我卻試圖讓他們知道，以他們現在所用的方法是無法糾正錯誤的。」

「我不覺得以鬥爭的方式來面對這些人能得到什麼好結果，要用就事論事的方法向他們顯明錯在哪裡。我告訴他們，如果母親還活著，她會對他們計劃要做的事感到非常傷心。」（懷威廉致羅賓森的信，1919年7月27日）

本章的信息應該很清楚。我們需要小心地使用懷愛倫的勉言，在如何閱讀和解釋，以及如何應用，這兩個方面都是如此。任何的應用都必須在明智、基督之愛，和謙卑之靈中進行。

我們要用二十世紀上半葉的復臨信徒領袖安德森（M. L. Andreasen）的一段話來結束本文：「朋友們，我們相信我們應該留意上帝（藉著懷愛倫）給我們的信息，把這些信息應用在我們自己的身上，而不是去論斷別人。唉，那些認為自己正確而無法容忍異說

的人，讓他們自認正確吧！但不要論斷別人！」

「我相信已經到了在我們的教導中，必須給懷姊妹一個明確位置的時候。我們切不可將她置於聖經之上，也不可拒絕她。我們必須使用上帝給我們的判斷力。……要謹慎你的應用和主張。千萬不要因某人不同意你的看法，就說他不相信《教會證言》。他可能不相信你對證言的解釋，但仍可能和你一樣是完全相信證言的，他可能有更為平衡的觀點。」（安德森未出版的手稿，1948年11月30日）當我在本書已經討論過的背景下，再來思考這段話時，這個敘述是值得仔細思考的。

本書到這裡將告一段落。但願我們也都找到了一個起始點，能對上帝給祂末世百姓的勉言有更加豐富的理解。閱讀本書是一回事，而把本書所討論的諸般原則，應用到我們對懷愛倫著作的閱讀中，應用到我們的生活中，則完全是另一回事。當我們帶著更寬廣的理解力和更新的獻身精神，來讀聖經和懷愛倫的著作時，我們每一個人都能得到上帝為我們所預備的祝福。

讚美上帝所賜的一切福惠！

| 懷愛倫生平1827-1915年

早年（1827～1860年）

　　懷愛倫於1827年秋末，出生在美國緬因州戈勒姆附近的一間農舍。她在波特蘭郊區，度過童年和青年時期。1846年，她和懷雅各結婚。婚後，這對奮鬥的青年夫婦先後住在新英格蘭的幾個地方，藉著探訪、傳道和出版，鼓勵和教導復臨信徒同道。他們在出版了11期不定期的《現代真理》期刊之後，於1850年在緬因州的帕里斯創辦了《復臨評論與安息日通訊》（現名《復臨信徒評論》，是美國歷史最悠久的宗教期刊之一）。後來他們一直往西搬遷—在1850年代初期，先到紐約州的薩拉托加斯普林斯，然後到羅賈斯特，最後於1855年來到密西根州的巴特溪（Battle Creek），居住達二十年之久。

　　1827年11月26日：出生於緬因州戈勒姆。

　　1836年：在緬因州波特蘭傷了鼻子和腦震盪。

　　1840年3月：初次聽到威廉‧米勒耳傳講基督復臨的信息。

　　1842年6月26日：受洗加入衛理公會。

　　1844年10月22日：因基督未降臨而失望。

　　1844年12月：初次見異象。

　　1845年春：前往緬因州東部訪問信徒，遇見懷雅各。

1846年8月30日：與懷雅各結婚。

1846年秋：接受第七日為安息日。

1847～1848年：在緬因州的托普瑟姆從事家務。

1847年8月26日：長子亨利・尼克爾斯出生。

1848年4月20－24日：出席在康乃狄克州羅基希爾舉行的守安息日之復臨信徒
的第一次集會。

1848年11月18日：見異象開始出版工作——「傳播真光」（*Streams of Light*）。

1849年7月：因1848年11月的異象，出版了11期《現代真理》（The Present
Truth）的首期。

1849年7月28日：次子雅各・愛德生出生。

1849～1852年：隨從事出版的丈夫到處搬家。

1851年7月：第一本書《經歷與目睹》（*Sketch of Experience and Views*）出版。

1852～1855年：隨丈夫在紐約州的羅賈斯特出版《評閱宣報》和《青年導
報》（*Youth's Instructor*）。

1854年8月29日：三子威廉・克拉倫斯出生。

1855年11月：隨出版部遷往密西根州的巴特溪。

1855年12月：出版11頁的小冊子《教會證言》第一輯。

1856年春：遷往伍德街自置的住宅。

1858年3月14日：在俄亥俄州的拉維特格拉夫見有關善惡人鬥爭的異象。

1860年9月20日：四子約翰・赫伯特出生。

1860年12月14日：四子約翰三個月大時夭折。

教會發展時期（1860～1868年）

　　1860年代，懷愛倫夫婦帶頭致力於把基督復臨安息日會組建成一個穩定的
組織。這十年也是本會開始強調健康原理的重要時期。教會回應懷愛倫的呼籲，
開始認識到健康生活在基督徒人生中的重要性。為了回應她在1865年所見的「聖
誕節異象」，本會第一所保健機構「西部健康改良院」（*Western Health Reform*

Institute）於1866年開辦，後發展成為巴特溪療養院。

　　1860年9月29日：確定「基督復臨安息日會」的會名。

　　1861年10月8日：組建密西根州區會。

　　1863年5月：組建基督復臨安息日會總會組織。

　　1863年6月6日：在密西根州奧特斯戈見有關健康改良的異象。

　　1863年12月8日：長子亨利在緬因州的托普瑟姆夭折。

　　1864年夏：《屬靈的恩賜》第四卷，以及30頁的健康論文出版。

　　1864年8月、9月：在前往麻薩諸塞州波士頓的途中，參觀傑克遜在紐約州丹
士維爾的希爾賽德所辦的醫療機構「我們的家」。

　　1865年：六本《論健康：該如何生活》出版。

　　1865年8月16日：懷雅各中風。

　　1865年12月25日：得見呼籲建立醫療機構異象。

　　1865年12月：懷愛倫將懷雅各送到密西根州北部調養康復。

　　1866年9月5日：巴特溪療養院的前身「西部健康改良院」成立。

　　1867年：在密西根州的格林維爾購置農場，建築農舍，從事農作和寫作。

帳棚聚會時期（1868～1881年）

　　懷愛倫分別在密西根州的格林維爾和巴特溪居住，直到1872年下半年。然後
把她的時間在密西根州和加利福尼亞州之間分配，冬天從事寫作和出版，夏天去
參加各地的帳棚年會，達28年之久。現在包括在《教會證言》第二卷至第四卷中
的《證言》第14－30輯，就是在這段時間裏發表的。

　　1868年9月1－7日：出席在密西根州賴特市舉行的基督復臨安息日會第一次帳
棚大會。

　　1870年7月28日：次子愛德生結婚，時年21歲。

　　1870年：《先祖與先知》的前身《預言之靈》第一卷出版。

1872年7月至9月：前往加利福尼亞州途中，在洛杉磯停留和寫作。

1873～1874年：分別在巴特溪和加利福尼亞州參加帳棚年會，1873年有幾個月時間在科羅拉多州停留和寫作。

1874年4月1日：得見聖工在加利福尼亞州、俄勒岡州和海外進展的異象。

1874年6月：與懷雅各在加利福尼亞州的奧克蘭，創辦太平洋出版社和《時兆》雜誌。

1875年1月3日：在巴特溪為巴特溪學院舉行奉獻禮。看見有關外國出版社的異象。

1876年2月11日：三子——太平洋出版社經理懷威廉結婚，時年21歲。

1876年8月：在麻薩諸塞州格羅夫蘭的帳棚年會上向二萬人演講。

1877年：《歷代願望》的前身《預言之靈》第二卷出版。

1877年7月1日：在巴特溪向五千人講論節制問題。

1878年：《歷代願望》的最後部分及《使徒行述》的前身《預言之靈》第二卷出版。

1878年11月：在德克薩斯州過冬。

1879年4月：離開德克薩斯州，前往參加夏天帳棚聚會工作。

1881年8月1日：在巴特溪陪伴患病的丈夫。

1881年8月6日：懷雅各去世。

1881年8月13日：在巴特溪懷雅各的喪禮中作十分鐘的發言。

一八八〇年代（1881～1891年）

　　1881年8月懷雅各去世以後，懷愛倫定居加利福尼亞州，有時住在希爾茲堡，有時住在奧克蘭，忙於寫作和演講，直到1885年8月，應全球總會的邀請前往歐洲。她在歐洲的兩年時間裏，除了三次訪問斯堪地那維亞各國、英國和義大利之外，常住在瑞士的巴塞爾。1887年8月她回到美國，不久就前往西部希爾茲堡她自己的家。她出席了1888年10月、11月間在明尼阿波利斯舉行的總會代表大會。會後住在巴特溪，在中西部和東部各地教會中工作。她在東部逗留了一年後，回到

加利福尼亞州。但到了1889年10月，她又應邀去參加在巴特溪舉行的總會代表大會。她留在巴特溪附近，直到1891年9月前往澳大利亞。

> 1881年11月：參加在薩克拉曼多舉行的帳棚聚會，並參與計畫在西部建立一所大學。該大學於1882年在希爾茲堡開辦。
>
> 1882年：編輯她三本早年作品的《早期著作》出版。
>
> 1884年：在俄勒岡州的波特蘭見最後一次記錄發表的異象。
>
> 1884年：《善惡之爭》的前身《預言之靈》第四卷出版。
>
> 1885年夏：離開加利福尼亞州前往歐洲旅行。
>
> 1888年夏：《善惡之爭》出版。
>
> 1888年10月、11月出席在明尼阿波利斯舉行的總會代表大會。
>
> 1889年：《教會證言》第五卷出版，包括第31－33輯《證言》，共746頁。
>
> 1890年：《先祖與先知》出版。
>
> 1891年9月12日：乘船經檀香山前往澳大利亞。

在澳大利亞年間（1891～1900年）

懷愛倫應全球總會的邀請訪問澳大利亞，協助開展教育工作，於1891年12月8日到達雪梨。她在接受這個邀請時有些作難，因為她希望完成她有關基督生平的巨著。到達之後不久，她就患上風濕性關節炎，臥病在床約八個月。她雖然病得厲害，仍堅持寫作。1893年初，她前往紐西蘭，工作到年底。12月末她回到澳大利亞，參加在那裏舉行的第一次帳棚大會。在這次帳棚聚會中，計畫建立一所設在鄉間的學校，後來成為位於雪梨北方145公里庫蘭邦的艾蒙戴爾學院。懷愛倫也在附近買了一塊地，於1895年蓋了她的「當陽居」（Sunyside），定居下來，專心從事寫作和到各教會的巡行，直到1900年8月返回美國。

> 1892年6月：在墨爾本租來的兩座房舍中，為澳大利亞聖經學校開學典禮演講。
>
> 1892年：《喜樂的泉源》和《傳道良助》出版。

1894年1月：參加制定在澳大利亞建立固定學校的計畫。

1894年5月23日：參觀庫蘭邦校址。

1895年12月：遷居庫蘭邦「當陽居」。《歷代願望》大部分是在這裏寫成的。

1896年：《山邊寶訓》出版。

1898年：《歷代願望》出版。

1899～1900年：鼓勵建立雪梨療養院。

1900年：《天路》（又名《基督比喻實訓》）出版。

1900年8月：離開澳大利亞返回美國。

定居榆園時期（1900～1915年）

懷愛倫自定居在加利福尼亞州北部聖赫勒那附近的榆園新居之後，希望用大部分的時間來寫作。這時她已72歲，但她還有好幾部書想要完成。她沒有意識到自己有許多旅行、指導和演講的任務需要承擔。巴特溪的種種爭論所引起的危機，也需要她用光陰和精力去解決。雖然如此，她還是利用清晨的時間寫作，在她定居榆園期間，完成了9部著作。

1900年10月：定居榆園。

1901年4月：出席在巴特溪舉行的總會代表大會。

1902年2月18日：巴特溪療養院失火。

1902年12月30日：《評閱宣報》出版社失火。

1903年10月：應付泛神論的危機。

1904年4月至9月：前往東部協助開創在首都華盛頓的工作，探視在納什維爾的次子愛德生，並出席幾次重要的會議。

1904年11月、12月：參加天堂谷療養院的尋地和建院。

1905年5月：出席在首都華盛頓舉行的全球總會大會。

1905年：《健康之源》出版。

1905年6月至12月：參加羅馬林達療養院（*Loma Linda Sanitarium*）的尋地和建院

1906～1908年：在榆園忙於寫作。

1909年4月至9月：81歲，仍前往首都華盛頓出席全球總會代表大會。這是她最後一次東部之行。

1910年1月：在羅馬林達醫療佈道學院的開辦工作中發揮重要作用。

1910年：專心從事完成《使徒行述》的寫作和《善惡之爭》的再版，至1911年。

1911～1915年：因高齡之故，只有幾次前往加利福尼亞州南部。留在榆園從事寫作，完成《先知與君王》和《給父母和教師的勉言》。

1915年2月13日：在榆園家中跌倒摔斷髖骨。

1915年7月16日：結束了她多結果子的一生，享年87歲。她最後的遺言是：「我深知我所信的是誰」。《教會證言》第六卷至第九卷，也是在她定居榆園期間出版的。

國家圖書館出版品預行編目資料

走進懷愛倫的異象世界/ 喬治‧賴特（George R.
Knight）著；張佳嵐譯. -- 初版.--臺北市：時兆,
2013.02
面；　　公分
譯自：Reading Ellen White：how to understand
and apply her writings
ISBN 978-986-6314-34-6（平裝）

1. 基督徒 2.靈修

244 .93　　　　　　　　　　101027026

走進懷愛倫的異象世界 READING ELLEN WHITE

作　　　者	喬治‧賴特（George R. Knight）
譯　　　者	張佳嵐

董 事 長	李在龍
發 行 人	周英弼
出 版 者	時兆出版社
客服專線	0800-777-798
電　　話	886-2-27726420
傳　　真	886-2-27401448
地　　址	台灣台北市105松山區八德路2段410巷5弄1號2樓
網　　址	http://www.stpa.org
電　　郵	service@stpa.org

主　　編	周麗娟
責任編輯	陳美如
封面設計	時兆設計中心　林俊良
美術編輯	時兆設計中心　林俊良
法律顧問	宏鑑法律事務所

商業書店	總經銷 聯合發行股份有限公司 TEL.886-2-82422081
基督教書房	總經銷 TEL.0800-777-798
網路商店	http://store.pchome.com.tw/stpa

I S B N	978-986-6314-34-6
定　　價	新台幣200元
出版日期	2013年2月　初版1刷

時兆讀友回函

謝謝您購買時兆的出版品，希望您看了很滿意。也請費心填寫此回函卡，讓我們可依此提升服務品質，我們並將不定期寄上最新出版訊息，以饗讀者。

您購買的書名：_____

姓名：_____ 性別：□男 □女

生日：_____年_____月_____日

地址：□□□_____

聯絡電話：_____ 傳真：_____

若您願意收到時兆不定期的新書資訊或優惠活動，請留下您的E－mail：

_____

學歷：□高中及高中以下 □專科及大學 □研究所以上

職業：□學生　□軍公教 □服務 □金融 □製造 □資訊 □傳播
　　　□自由業 □農漁牧 □家管 □退休 □其他

您覺得本書價格： □偏低 □合理 □偏高

您對本書的整體評價： （請填代號1.非常滿意2.滿意3.普通4.不滿意5.非常不滿意）

書名____　內容____　封面設計____　版面編排____紙張質感_____

您從何處得知本書消息？

□教會 □文字佈道士 □書店（店名：　　　　　　　）□親友推薦

□網站（站名：　　　　　　　）□雜誌（名稱：　　　　　　）

□報紙 □廣播 □電視 □其他：

您通常透過何種方式購書？

□教會　　　□文字佈道士　　□逛書店　　　□網站訂購　　　□郵局劃撥

□電話訂購　□傳真訂購　　　□團體訂購　　□其他：

您喜歡閱讀哪些類別的書籍？

□宗教：　　□靈修生活 □見證傳記 □讀經研經 □慕道初信 □神學教義

□醫學保健　□心靈勵志 □文學　　 □歷史傳記 □社會人文

□自然科學　□休閒旅遊 □科幻冒險 □理財投資 □行銷企劃

□其他：

對我們的建議：

_____

_____

_____

_____

＊ 請放大影印傳真至本社，傳真熱線：（02）2740-1448

＊ 請上時兆臉書www.facebook.com/stpa1905 按「讚」參加最新活動，即有機會獲得好禮！

1 0 5 - 5 6

台北市松山區八德路三段410巷5弄1號2樓

財團法人基督復臨
安息日會台灣區會
時兆出版社　收

貼　票

請　郵

請沿虛線對摺，謝謝！